Der Ruck

von Frank Kralemann

Buchbeschreibung:

Handeln ist keine Gabe. Es ist eine Fähigkeit. Und wie jede Fähigkeit kann man sie lernen, trainieren und meistern.

Der Ruck - jener Moment des Übergangs vom Zögern zum Tun - ist kein mysteriöser Akt der Willenskraft. Er ist ein neurologischer Prozess, den wir verstehen und beeinflussen können.

Dieses Buch wird Ihnen zeigen, wie. Nicht mit weiteren Theorien, sondern mit praktischen Werkzeugen, die auf neuesten neurowissenschaftlichen Erkenntnissen basieren. Mit Techniken, die im echten Leben funktionieren - wenn die Kaffeetasse kalt wird und die Ablenkungen locken.

Am Ende werden Sie nicht nur verstehen, warum Sie aufschieben. Sie werden wissen, wie Sie den Schalter umlegen. Immer wieder. Bis Handeln zu Ihrer neuen Normalität wird.

Über den Autor:

Leben und Schreiben sind für Frank Kralemann untrennbar miteinander verbunden. Dies spiegelt sich nicht nur in seinen Texten wider, sondern auch in seiner Lebensweise. Seine Passion für das Laufen, besonders auf den langen, meditativen Strecken durch die malerischen Landschaften des Teutoburger Waldes, ist für ihn mehr als nur ein Hobby. Es ist eine Quelle der Inspiration und eine Möglichkeit, den Geist zu klären, was unmittelbar in seine kreative Arbeit einfließt. Diese physische Aktivität erlaubt ihm, mit neuen Ideen zu experimentieren und Gedanken zu ordnen, was seinen Schreibprozess maßgeblich bereichert.

Sein Ansatz, das Leben in seiner ganzen Fülle zu leben und zu schreiben, hat Frank Kralemann zu einem geschätzten Mitglied der literarischen Gemeinschaft gemacht. Seine Werke, die von persönlichen Erfahrungen und einer tiefen Beobachtungsgabe geprägt sind, laden Leser aller Altersklassen dazu ein, die Welt durch seine Augen zu sehen und vielleicht auch ein Stück weit durch seine Worte inspiriert, ihr eigenes Leben reicher zu gestalten.

Frank Kralemann ist Vater und Großvater. Er schreibt seit 2007. Außer Ratgebern und Sachbüchern hat er auch Gedichtbände und Kinderbücher geschrieben.

Der Ruck

Vom Zögern zum Tun

von Frank Kralemann

1. Auflage, 2025 Frank Kralemann

Verlag: BoD · Books on Demand GmbH,
Überseering 33, 22297 Hamburg, bod@bod.de
Druck: Libri Plureos GmbH, Friedensallee 273,
22763 Hamburg

ISBN: 978-3-7693-7869-6

Inhaltsverzeichnis

Der Ruck

Vom Zögern zum Tun

Teil I: Die Diagnose - Warum wir feststecken

Kapitel 1: Der Moment zwischen dem, was war, und dem, was sein könnte

Eine Einführung in die Macht der bewussten Übergänge

Die Kaffeetasse steht seit drei Stunden auf meinem Schreibtisch. Kalt. Unberührt. Daneben liegt mein Notizbuch, aufgeschlagen auf einer Seite voller Pläne. "Heute beginne ich mit dem Projekt", steht dort in meiner Handschrift. Unterstrichen. Zweimal.

Stattdessen habe ich E-Mails beantwortet, die nicht dringend waren. Ich habe die Spülmaschine ausgeräumt. Zweimal meinen Schreibtisch aufgeräumt. Und jetzt sitze ich hier, schaue auf diese kalte Kaffeetasse und frage mich: Warum?

Wenn Sie sich in dieser Szene wiedererkennen, sind Sie nicht allein. Sie gehören zu den Millionen von Menschen, die täglich in der Umsetzungslücke gefangen sind - jenem seltsamen Raum zwischen dem, was wir uns vornehmen, und dem, was wir tatsächlich tun.

Die Kaffeetasse, die alles veränderte

An jenem Morgen, als ich auf die kalte Kaffeetasse starrte, wurde mir etwas klar: Der Moment des Übergangs - von der Ablenkung zur eigentlichen Aufgabe - ist wie eine unsichtbare Wand. Wir sehen sie nicht, aber wir spüren ihren Widerstand. Jedes Mal, wenn wir uns unserem wichtigen Projekt zuwenden wollen, lenkt uns etwas ab. Eine Nachricht. Ein Gedanke. Ein plötzlicher Drang, erst noch dies oder das zu erledigen.

Doch was wäre, wenn ich Ihnen sage, dass genau in diesem Moment des Widerstands der Schlüssel zur Veränderung liegt? Was wäre, wenn die Kunst nicht darin besteht, diesen Widerstand zu überwinden, sondern ihn zu verstehen und zu nutzen?

Was ist die Umsetzungslücke?

Stellen Sie sich vor, Sie stehen an einem Flussufer. Auf der anderen Seite liegt Ihr Ziel - sichtbar, erreichbar, verlockend. Sie wissen genau, was Sie tun müssen: hinüberschwimmen. Sie kennen sogar die Schwimmtechnik. Theoretisch ist alles klar.

Aber Sie stehen immer noch am Ufer.

Das ist die Umsetzungslücke. Sie ist der Raum zwischen:

- Wissen und Handeln

- Planung und Ausführung

- Intention und Aktion

- Wollen und Tun

Diese Lücke ist keine Charakterschwäche. Sie ist keine Faulheit. Sie ist ein universelles menschliches Phänomen, das seine Wurzeln tief in unserer Neurobiologie hat.

Denken Sie an all die Bücher, die Sie gelesen haben. Die Seminare, die Sie besucht haben. Die YouTube-Videos über Produktivität, die Sie angeschaut haben. Sie wissen wahrscheinlich mehr über Zeitmanagement, Zielsetzung und Selbstoptimierung als je zuvor in der Menschheitsgeschichte möglich war.

Und trotzdem: Die Projekte bleiben liegen. Die Vorsätze verpuffen. Die Träume verstauben.

Der neurologische Kampf in unserem Kopf

In diesem Moment, während Sie diese Zeilen lesen, kämpfen in Ihrem Gehirn zwei Systeme um die Kontrolle:

System 1: Der Autopilot

- Schnell, automatisch, mühelos

- Gesteuert von Gewohnheiten und Impulsen

- Liebt das Vertraute und Bequeme

- Reagiert auf unmittelbare Belohnungen

System 2: Der bewusste Lenker

- Langsam, kontrolliert, anstrengend

- Plant, analysiert, entscheidet bewusst

- Kann langfristige Ziele verfolgen

- Braucht Energie und Aufmerksamkeit

Die Umsetzungslücke entsteht, wenn System 1 gewinnt. Und es gewinnt öfter, als uns lieb ist. Warum? Weil es evolutionär älter ist. Weil es weniger Energie verbraucht. Weil es uns in der Savanne das Überleben gesichert hat.

Doch in unserer modernen Welt, in der die wichtigsten Aufgaben oft die sind, die keine unmittelbare Belohnung bringen, wird dieser Überlebensmechanismus zur Falle.

Warum dieses Buch anders ist

Sie haben wahrscheinlich schon andere Bücher über Produktivität gelesen. Bücher, die Ihnen sagen, Sie müssten nur früher aufstehen. Oder eine bessere To-Do-Liste führen. Oder mehr Willenskraft aufbringen.

Dieses Buch ist anders. Es sagt Ihnen nicht, was Sie tun sollen. Es zeigt Ihnen, wie Sie den Übergang schaffen - von dem, was Sie jetzt tun, zu dem, was Sie eigentlich tun wollen.

Wir werden nicht über perfekte Morgrenroutinen sprechen. Wir werden über den Moment sprechen, in dem Sie vor Ihrer kalten Kaffeetasse sitzen und die Wahl haben: Weitermachen wie bisher oder den Ruck wagen.

Wir werden nicht über Jahrespläne sprechen. Wir werden über die nächsten drei Sekunden sprechen - jene entscheidenden Sekunden, in denen Ihr Gehirn entscheidet, ob Sie handeln oder aufschieben.

Wir werden nicht über Selbstdisziplin sprechen. Wir werden über Selbstmitgefühl sprechen - und warum es der kraftvollere Weg ist.

Die Kernbotschaft dieses Buches ist simpel und revolutionär zugleich:

Handeln ist keine Gabe. Es ist eine Fähigkeit. Und wie jede Fähigkeit kann man sie lernen, trainieren und meistern.

Der Ruck - jener Moment des Übergangs vom Zögern zum Tun - ist kein mysteriöser Akt der Willenskraft. Er ist ein neurologischer Prozess, den wir verstehen und beeinflussen können.

Dieses Buch wird Ihnen zeigen, wie. Nicht mit weiteren Theorien, sondern mit praktischen Werkzeugen, die auf neuesten neurowissenschaftlichen Erkenntnissen basieren. Mit Techniken, die im echten Leben funktionieren - wenn die Kaffeetasse kalt wird und die Ablenkungen locken.

Am Ende werden Sie nicht nur verstehen, warum Sie aufschieben. Sie werden wissen, wie Sie den Schalter umlegen. Immer wieder. Bis Handeln zu Ihrer neuen Normalität wird.

Die Reise beginnt jetzt. Mit der nächsten Seite. Mit dem nächsten Kapitel. Mit der Entscheidung, weiterzulesen statt das Buch zur Seite zu legen.

Spüren Sie den Widerstand? Gut. Das ist der erste Ruck-Moment. Nutzen Sie ihn.

Kapitel 2: Die Anatomie des Aufschiebens

Wie unser Gehirn uns austrickst

Es ist 21:47 Uhr. Sarah sitzt vor ihrem Laptop. Das Word-Dokument ist geöffnet, der Cursor blinkt erwartungsvoll. Die Präsentation für morgen muss fertig werden. Stattdessen öffnet sie YouTube. "Nur ein kurzes Video", denkt sie. Drei Stunden später liegt sie im Bett, die Präsentation unvollendet, das schlechte Gewissen drückt auf die Brust wie ein Stein.

Kommt Ihnen das bekannt vor? Dann willkommen im Club der neurologischen Selbstsabotage.

Das Dopamin-Paradox: Warum Netflix spannender ist als unsere Ziele

Lassen Sie uns ein Experiment machen. Denken Sie an Ihr wichtigstes Projekt. Jenes, das Ihr Leben verändern könnte. Spüren Sie die Motivation? Die Begeisterung? Die brennende Lust, sofort loszulegen?

Wahrscheinlich nicht.

Jetzt denken Sie an Ihre Lieblingsserie auf Netflix. An das nächste Level in Ihrem Handyspiel. An die ungelesenen Nachrichten in Ihrem Social-Media-Feed.

Spüren Sie den Unterschied?

Willkommen beim Dopamin-Paradox. Unser Gehirn, genauer gesagt unser Belohnungssystem, hat ein Problem mit der Zeitrechnung. Es bewertet Belohnungen nicht nach ihrer objektiven Wichtigkeit, sondern nach zwei simplen Kriterien:

1. **Wie schnell kommt die Belohnung?**

2. **Wie sicher ist sie?**

Eine Netflix-Episode liefert sofortige, garantierte Unterhaltung. Ihre Präsentation? Die bringt vielleicht irgendwann Anerkennung. Vielleicht.

Dopamin, unser Motivationsmolekül, wird nicht durch die Belohnung selbst ausgeschüttet, sondern durch die Erwartung der Belohnung. Und hier liegt das Problem: Unser Steinzeitgehirn erwartet von Netflix mehr als von unseren Langzeitzielen.

Die Dopamin-Falle in Zahlen:

- Einen Instagram-Like: Dopamin-Ausschüttung nach 0,1 Sekunden

- Eine erledigte Aufgabe: Dopamin-Ausschüttung nach Stunden oder Tagen

- Ein erreichtes Lebensziel: Dopamin... irgendwann?

Kein Wunder, dass wir scrollen statt schreiben, prokrastinieren statt produzieren.

Die drei Gehirne im Konflikt: Reptil, Säugetier und Mensch

Stellen Sie sich vor, in Ihrem Kopf sitzen drei sehr unterschiedliche Mitbewohner:

Der Reptilienbewohner (Hirnstamm) "GEFAHR! STRESS! FLUCHT! Oh, Kekse? ESSEN! JETZT!"

Er ist der Älteste, etwa 500 Millionen Jahre alt. Seine Hauptaufgaben: Überleben, Fortpflanzung, Flucht oder Kampf. Er hasst Veränderungen, liebt Routine und reagiert auf alles mit Panik oder Gier. Wenn Sie vor einer wichtigen Aufgabe plötzlich dringend die Küche putzen müssen? Das ist er.

Der Säugetierbewohner (Limbisches System) "Ich fühle mich unwohl. Lass uns was Schönes machen. Oh, die anderen mögen uns nicht? PANIK!"

Etwa 200 Millionen Jahre alt, kümmert er sich um Emotionen, soziale Bindungen und Erinnerungen. Er will dazugehören, gemocht werden und gute Gefühle haben. Sofort. Wenn Sie statt zu arbeiten durch Social Media scrollen, um zu sehen, wer Ihr Foto geliked hat? Sein Werk.

Der Menschenbewohner (Präfrontaler Kortex) "Moment, lasst uns das durchdenken. Was sind die langfristigen Konsequenzen? Wie erreichen wir unsere Ziele?"

Der Jüngste, nur etwa 40.000 Jahre alt. Er plant, analysiert, kontrolliert Impulse und denkt abstrakt. Er weiß, dass die Präsentation wichtig ist. Er kennt Ihre Ziele. Aber er ist auch der Schwächste der drei.

Das Problem? Bei Stress, Müdigkeit oder Unsicherheit übernehmen die älteren Mitbewohner das Kommando. Der präfrontale Kortex, Ihr rationaler Planer, wird einfach abgeschaltet.

Ein typischer innerer Dialog:

Präfrontaler Kortex: "Okay, Zeit für die Präsentation." Limbisches System: "Aber das macht keinen Spaß!" Reptiliengehirn: "GEFAHR! Mögliche Blamage! FLUCHT!" Präfrontaler Kortex: "Leute, bitte, wir müssen..." Limbisches System: "Schau mal, eine Benachrichtigung!" Reptiliengehirn: "DOPAMIN! KLICKEN! JETZT!" Präfrontaler Kortex: *gibt auf*

Die Komfortzone als neurologische Festung

Ihre Komfortzone ist keine psychologische Einbildung. Sie ist eine neurologische Festung, erbaut aus Myelin-ummantelten Nervenbahnen, bewacht von Ihrem Angstzentrum, verteidigt von Gewohnheitsschleifen.

Jedes Mal, wenn Sie eine Handlung wiederholen, wird die entsprechende Nervenbahn mit Myelin ummantelt - einer Art Isolierung, die Signale bis zu 100-mal schneller macht. Nach 66 Tagen (im Durchschnitt) ist eine neue

Gewohnheit so stark myelinisiert, dass sie automatisch abläuft.

Das ist großartig für das Zähneputzen. Katastrophal für das Aufschieben.

Die Festung in Aktion:

Trigger: Wichtige Aufgabe steht an ↓ Automatische Reaktion: Unbehagen ↓ Gewohnheitsschleife: Ablenkung suchen ↓ Belohnung: Kurzzeitige Erleichterung ↓ Verstärkung: Die Nervenbahn wird stärker

Mit jeder Wiederholung wird die Festung stärker. Der Graben tiefer. Die Mauern höher.

Aber hier die gute Nachricht: Festungen kann man erobern. Nicht mit Gewalt, sondern mit Strategie.

Der Teufelskreis der Selbstsabotage

Michael hat einen Traum. Er will ein Buch schreiben. Jeden Abend nimmt er sich vor: "Morgen fange ich an." Jeden Morgen findet er Gründe, warum heute nicht der richtige Tag ist. Nach drei Jahren hat er nicht eine einzige Seite geschrieben, aber er hasst sich selbst dafür täglich ein bisschen mehr.

Der Teufelskreis der Selbstsabotage hat fünf Stationen:

Station 1: Der Vorsatz "Diesmal schaffe ich es!" Dopamin-Ausschüttung durch die Vorstellung des Erfolgs. Feels good.

Station 2: Der Widerstand Die Aufgabe erscheint plötzlich riesig, komplex, überwältigend. Das Angstzentrum (Amygdala) schlägt Alarm.

Station 3: Die Flucht "Ich checke nur kurz meine E-Mails." Das Reptiliengehirn übernimmt, sucht sichere Aktivitäten.

Station 4: Die Scham "Schon wieder nicht geschafft. Ich bin ein Versager." Stress-Hormone fluten das System, schwächen den präfrontalen Kortex weiter.

Station 5: Die Kompensation "Morgen mache ich dafür doppelt so viel!" Unrealistische Vorsätze als Kompensation für die Scham.

Und wieder von vorn. Mit jedem Durchlauf wird der Kreislauf stärker, die neuronalen Pfade tiefer.

Die Biochemie der Selbstsabotage:

- Cortisol (Stresshormon) steigt → Präfrontaler Kortex wird gehemmt

- Dopamin fällt → Motivation sinkt

- Serotonin fällt → Stimmung verschlechtert sich

- Noradrenalin steigt → Angst und Unruhe nehmen zu

Ein perfekter Sturm der Handlungsunfähigkeit.

Der Ausweg: Verstehen statt Bekämpfen

Hier ist die wichtigste Erkenntnis dieses Kapitels: Ihr Gehirn ist nicht Ihr Feind. Es versucht, Sie zu beschützen. Jede Prokrastination ist im Kern ein Schutzmechanismus.

- Aufschieben schützt vor möglichem Versagen

- Ablenkung schützt vor Überforderung

- Perfektionismus schützt vor Kritik

- Busy-Sein schützt vor wichtigen Entscheidungen

Wenn Sie das nächste Mal prokrastinieren, fragen Sie sich: "Wovor will mich mein Gehirn gerade beschützen?"

Die Antwort könnte Sie überraschen. Und sie ist der erste Schritt aus der Falle.

Ein neuer innerer Dialog:

Sie: "Ich sollte mit der Präsentation anfangen." Gehirn: "ALARM! GEFAHR!" Sie: "Okay, wovor hast du Angst?" Gehirn: "Was, wenn sie schlecht wird?" Sie: "Verstehe. Wie wäre es, wenn wir nur eine Folie machen? Eine einzige?" Gehirn: "...Das könnte gehen."

Sehen Sie den Unterschied? Statt gegen Ihr Gehirn zu kämpfen, arbeiten Sie mit ihm. Statt es zu überwältigen, beruhigen Sie es.

Im nächsten Kapitel werden wir die sieben häufigsten Fallen der Umsetzungslücke erkunden. Sie werden sich in mindestens drei davon wiedererkennen. Und Sie werden lernen, wie Sie jede einzelne überwinden können.

Aber zuerst: Machen Sie eine Pause. Ihr Gehirn hat gerade viel verarbeitet. Gönnen Sie ihm zwei Minuten Ruhe. Schauen Sie aus dem Fenster. Atmen Sie durch.

Und dann: Lesen Sie weiter. Das ist Ihr erster bewusster Ruck-Moment.

Kapitel 3: Die sieben Fallen der Umsetzungslücke

Warum gute Vorsätze nicht reichen

"Ich weiß genau, was ich tun muss", sagt Thomas und nippt an seinem dritten Kaffee. "Ich habe Listen, Pläne, Apps, Systeme. Ich habe alles. Nur... ich tue es nicht."

Thomas ist CEO eines mittelständischen Unternehmens. IQ 142. Drei Abschlüsse. Ein wandelndes Produktivitätslexikon. Und trotzdem: Seine wichtigsten Projekte liegen seit Monaten auf Eis.

Intelligenz schützt nicht vor der Umsetzungslücke. Wissen auch nicht. Die Fallen, in die wir tappen, sind subtiler. Sie tarnen sich als Tugenden, als rationale Strategien, als bewährte Methoden. Bis wir merken, dass wir feststecken. Wieder und wieder.

Falle 1: Die Perfektionismus-Paralyse

Anna ist Grafikdesignerin. Ihr Portfolio? "Fast fertig."
Seit zwei Jahren. "Es ist noch nicht perfekt", sagt sie.
"Nur noch ein paar Verbesserungen."

Die Perfektionismus-Paralyse ist die eleganteste aller
Fallen. Sie kommt im Gewand hoher Standards daher,
flüstert von Exzellenz und Qualität. In Wahrheit ist sie
Angst in Designerkleidung.

Die Mechanik der Paralyse:

Perfektionismus ist neurologisch betrachtet eine
Angstvermeidungsstrategie. Das Gehirn hat gelernt:
Unperfektion = Gefahr (Kritik, Ablehnung, Scham). Also
verschiebt es die Fertigstellung ins Unendliche. Solange
etwas nicht fertig ist, kann es nicht beurteilt werden.
Solange es nicht beurteilt wird, bin ich sicher.

Das 80/20-Paradox:

Die ersten 80% eines Projekts bringen 80% des Wertes.
Die letzten 20% der "Perfektion" verschlingen 80% der
Zeit. Anna hat zwei Jahre in diese letzten 20% investiert.
Der Wert ihres Portfolios? Null. Denn ein perfektes
Portfolio, das niemand sieht, ist wertlos.

Die Gegenstrategie: Der MVA-Ansatz

MVA steht für "Minimum Viable Action" - die kleinste
sinnvolle Handlung. Nicht das perfekte Portfolio, sondern
drei gute Arbeiten online stellen. Nicht das perfekte
Buchmanuskript, sondern ein Kapitel schreiben. Nicht die
perfekte Präsentation, sondern eine, die gut genug ist.

"Gut genug" ist nicht das Gegenteil von Exzellenz. Es ist
die Voraussetzung dafür. Denn nur was existiert, kann
verbessert werden.

Praktische Übung: Die 70%-Regel

Wenn etwas zu 70% gut ist, veröffentlichen Sie es. Schicken Sie es ab. Zeigen Sie es her. Die letzten 30% können Sie immer noch verbessern - aber nur, wenn Sie Feedback bekommen. Und Feedback bekommen Sie nur, wenn Sie den Mut zur Unperfektion haben.

Falle 2: Der Planungs-Overload

Markus hat 17 Produktivitäts-Apps auf seinem Handy. Drei verschiedene Kalender. Ein Bullet Journal. Ein Kanban-Board. Eine Getting-Things-Done-Implementation. Er plant durchschnittlich drei Stunden täglich. Umgesetzt? "Ich komme nicht dazu, ich muss ja planen."

Der Planungs-Overload ist Prokrastination für Fortgeschrittene. Er fühlt sich produktiv an. Man ist ja beschäftigt! Man optimiert ja! In Wahrheit ist er die akademische Version des Aufräumens statt Arbeitens.

Die Neurologie des Over-Plannings:

Planen aktiviert das Belohnungssystem. Jede neue App, jedes neue System verspricht: "Diesmal wird alles anders!" Dopamin flutet das Gehirn. Es fühlt sich an wie Fortschritt. Ist es aber nicht.

Planen ist kognitiv weniger anstrengend als Handeln. Es findet in der sicheren Welt der Möglichkeiten statt, nicht in der riskanten Welt der Realität. Das Gehirn liebt es.

Die 10-Minuten-Regel:

Nie länger als 10 Minuten am Tag planen. Was in 10 Minuten nicht geplant werden kann, ist zu komplex.

Brechen Sie es herunter. Ein Post-it mit drei Aufgaben schlägt jedes ausgeklügelte System.

Das Planning-Paradox:

Je detaillierter der Plan, desto unwahrscheinlicher die Umsetzung. Warum? Weil das Leben nicht planbar ist. Der erste unvorhergesehene Anruf, die erste Verzögerung, und der schöne Plan kollabiert. Mit ihm die Motivation.

Die Alternative: Richtung statt Route

Statt jeden Schritt zu planen, definieren Sie die Richtung. Statt "Um 9:17 Uhr E-Mail an Kunde X mit genau diesem Wortlaut" lieber "Vormittags: Kundenkommunikation". Flexibilität schlägt Präzision.

Falle 3: Die Motivations-Illusion

"Ich warte auf die richtige Motivation", sagt Sandra. Sie wartet seit fünf Jahren. Auf den perfekten Moment. Die zündende Inspiration. Das Gefühl, dass es jetzt passt.

Die Motivations-Illusion ist der Glaube, dass Gefühle vor Handlungen kommen müssen. Dass man erst motiviert sein muss, um anzufangen. Die Neurowissenschaft sagt: Das Gegenteil ist wahr.

Die Motivations-Gleichung:

Falsch: Motivation → Handlung → Ergebnis Richtig: Kleine Handlung → Kleines Ergebnis → Motivation → Größere Handlung

Motivation ist kein Startpunkt. Sie ist ein Nebenprodukt des Handelns. Der Neuropsychologe Dr. Timothy Pychyl nennt es den "Motivation folgt der Aktion"-Effekt.

Das Trägheitsgesetz der Psyche:

Ein Körper in Ruhe bleibt in Ruhe. Ein Körper in Bewegung bleibt in Bewegung. Gleiches gilt für Ihre Psyche. Der schwerste Teil ist nicht das Weitermachen - es ist das Anfangen.

Die 2-Minuten-Aktivierung:

Warten Sie nicht auf Motivation. Handeln Sie zwei Minuten lang. Egal wie unmotiviert Sie sind. Nach zwei Minuten entscheiden Sie: Aufhören oder weitermachen. In 87% der Fälle (Studie: Dr. Pychyl, 2018) machen Menschen weiter.

Warum? Weil Handlung das Belohnungssystem aktiviert. Weil der präfrontale Kortex anspringt. Weil aus Trägheit Schwung wird.

Falle 4: Das Alles-oder-Nichts-Denken

Robert will abnehmen. Sein Plan: Jeden Tag Sport, keine Kohlenhydrate, kein Zucker, 2 Liter Wasser, 10.000 Schritte. Tag 3: Er isst einen Keks. "Jetzt ist eh alles egal", denkt er und bestellt Pizza. Das Projekt ist gestorben.

Alles-oder-Nichts-Denken ist binäres Denken in einer analogen Welt. Es kennt nur Erfolg oder Versagen, Perfektion oder Katastrophe, 100% oder 0%. Das Leben spielt sich bei 73% ab. Oder 31%. Oder 94%.

Die neurologische Falle:

Unser Gehirn liebt klare Kategorien. Schwarz oder weiß. Gut oder böse. Es spart Energie. Grautöne zu verarbeiten ist anstrengend. Also simplifizieren wir. Zu unserem eigenen Schaden.

Der Domino-Effekt des Scheiterns:

Ein kleiner Fehltritt → "Ich habe versagt" → Scham → Stress → Geschwächte Selbstkontrolle → Mehr Fehler → "Ich bin ein Versager" → Aufgeben

Ein Keks wird zur Katastrophe. Eine verpasste Trainingseinheit zum Projektende.

Die Strategie: Der Dimmer-Schalter

Leben Sie nicht mit einem An/Aus-Schalter. Leben Sie mit einem Dimmer.

- Statt "Jeden Tag Sport" → "Mehr Bewegung als gestern"

- Statt "Keine Kohlenhydrate" → "Weniger Kohlenhydrate als üblich"

- Statt "Perfekte Produktivität" → "Einen wichtigen Schritt pro Tag"

Fortschritt, nicht Perfektion. Evolution, nicht Revolution.

Die 51%-Regel:

Wenn Sie zu 51% bei Ihrem Plan bleiben, gewinnen Sie. Das ist die Mehrheit. Das ist Fortschritt. Das ist nachhaltig.

Falle 5: Die Ablenkungsspirale

Lisa öffnet ihren Laptop. Ziel: Steuererklärung. 9:00 Uhr: "Ich checke nur kurz meine E-Mails." 9:45 Uhr: Ist auf LinkedIn. 10:30 Uhr: Schaut ein YouTube-Video über

Produktivität. 11:15 Uhr: Bestellt auf Amazon ein Buch über Fokus. 12:00 Uhr: "Wo ist die Zeit hin?"

Die Ablenkungsspirale ist ein Strudel. Sie beginnt harmlos - "nur kurz" - und endet Stunden später in den Untiefen des Internets.

Die Aufmerksamkeitsökonomie:

Jede App, jede Website, jede Plattform hat ein Ziel: Ihre Aufmerksamkeit. Milliarden werden investiert, um Sie abzulenken. Ihre Willenskraft gegen deren Algorithmen? Ein unfairer Kampf.

Das Smartphone-Paradox:

Studien zeigen: Allein die Anwesenheit eines Smartphones reduziert die kognitive Leistung um 10-15%. Es muss nicht mal klingeln. Es muss nur da sein. Ihr Unterbewusstsein weiß: Da wartet Dopamin.

Die Umgebungs-Architektur:

Gestalten Sie Ihre Umgebung für Fokus, nicht für Ablenkung:

- Smartphone in einen anderen Raum

- Ablenkende Apps löschen oder blockieren

- Einen "heiligen" Arbeitsplatz ohne Ablenkungen

- Feste Zeiten für E-Mails und Social Media

Die 25-5-Methode:

25 Minuten fokussierte Arbeit, 5 Minuten bewusste Pause. In der Pause: Aufstehen, bewegen, aus dem Fenster schauen. Nicht: "Nur kurz" ins Internet.

Falle 6: Der Vergleichswahn

Nina scrollt durch Instagram. Alle sind produktiver, erfolgreicher, glücklicher. "Was stimmt nicht mit mir?", fragt sie sich. Die Motivation sinkt. Der Selbstwert auch. Handlung? Unmöglich, wenn man sich wie ein Versager fühlt.

Der Vergleichswahn ist Gift für die Handlungsfähigkeit. Er raubt Energie, zerstört Selbstvertrauen, lähmt Initiative.

Die Social-Media-Verzerrung:

Sie vergleichen Ihr ungeschminktes Innenleben mit den geschönten Außendarstellungen anderer. Ihre Backstage mit deren Showbühne. Ihre Kapitel 3 mit deren Kapitel 20.

Die neurologische Abwärtsspirale:

Negativer Vergleich → Stress → Cortisol → Geschwächter präfrontaler Kortex → Schlechtere Entscheidungen → Weniger Erfolg → Mehr negative Vergleiche

Der einzige sinnvolle Vergleich:

Sie heute vs. Sie gestern. Sonst nichts. Sind Sie heute einen Schritt weiter als gestern? Gewonnen. Egal, wo andere stehen.

Die Dankbarkeits-Umkehr:

Statt "Was haben andere, was ich nicht habe?" fragen Sie: "Was habe ich heute, was ich gestern nicht hatte?" Eine neue Erkenntnis? Eine erledigte Aufgabe? Einen Moment der Klarheit? Das ist Ihr Fortschritt.

Falle 7: Die Angst vor dem Erfolg

"Klingt verrückt", sagt David, "aber ich glaube, ich habe Angst davor, dass es klappt." David ist kurz davor, sein Startup zu gründen. Alle Vorbereitungen sind getroffen. Aber er zögert. Schon seit Monaten.

Die Angst vor dem Erfolg ist die am besten getarnte Falle. Sie versteckt sich hinter rationalen Bedenken, hinter "noch nicht bereit", hinter "was wenn".

Was, wenn es klappt?

- Dann ändert sich alles

- Dann gibt es neue Erwartungen

- Dann kann ich enttäuschen

- Dann bin ich sichtbar

- Dann gibt es Verantwortung

- Dann verliere ich vielleicht Freunde

- Dann bin ich nicht mehr ich

Das Identitäts-Dilemma:

Wir sind neurologisch auf Konsistenz programmiert. Unser Selbstbild will stabil bleiben. Erfolg bedroht diese Stabilität. "Wer bin ich, wenn ich erfolgreich bin?" Das Gehirn bevorzugt das bekannte Leiden gegenüber dem unbekannten Glück.

Die Obergrenze-Problematik:

Gay Hendricks nennt es das "Upper Limit Problem".
Jeder hat eine unbewusste Obergrenze für Glück, Erfolg,
Liebe. Nähern wir uns dieser Grenze, sabotieren wir uns
selbst. Zurück in die Komfortzone des Bekannten.

Die Gegenstrategie: Erfolg in Raten

Gewöhnen Sie Ihr Nervensystem langsam an Erfolg:

- Kleine Erfolge feiern und integrieren

- Die Identität schrittweise erweitern

- "Ich bin jemand, der..." durch neue Erfahrungen
  ergänzen

- Erfolg als Experiment, nicht als Endzustand sehen

Die Erlaubnis-Übung:

Schreiben Sie auf: "Ich erlaube mir..." und ergänzen Sie:

- ...erfolgreich zu sein

- ...gesehen zu werden

- ...mehr zu verdienen als meine Eltern

- ...glücklich zu sein

- ...es leicht zu haben

Spüren Sie den Widerstand? Das ist die Arbeit.

Der Weg aus den Fallen

Jede dieser Fallen hat eines gemeinsam: Sie hält Sie in der
Theorie gefangen. Sie verhindert den Übergang zur
Praxis. Sie macht aus Träumern ewige Träumer.

Aber jetzt kennen Sie sie. Sie können sie erkennen, wenn sie zuschlagen. Sie können gegensteuern.

Die wichtigste Erkenntnis: Sie sind nicht allein. Jeder kämpft mit diesen Fallen. Der Unterschied zwischen denen, die handeln, und denen, die träumen? Die einen kennen ihre Fallen und haben Strategien. Die anderen hoffen auf ein Wunder.

Im nächsten Teil werden wir tiefer in die Wissenschaft des Handelns eintauchen. Sie werden verstehen, was in Ihrem Gehirn passiert, wenn Sie den "Ruck" schaffen. Und Sie werden lernen, diesen Mechanismus zu Ihrem Vorteil zu nutzen.

Aber zuerst: Welche Falle ist Ihre? In welcher haben Sie sich wiedererkannt? Nehmen Sie sich einen Moment. Schreiben Sie es auf.

Das ist kein Planen. Das ist Handeln. Der erste Schritt aus der Falle.

Teil II: Das Verständnis - Die Wissenschaft des Handelns

Kapitel 4: Der Ruck-Moment

Die Neurobiologie des Übergangs

5:59 Uhr. Der Wecker wird gleich klingeln. Aber Maria ist schon wach. Sie liegt im Bett und führt einen stummen

Kampf. Aufstehen und laufen gehen, wie geplant? Oder die Schlummertaste drücken?

In diesem Moment, in diesen Sekunden vor der Entscheidung, spielt sich in Marias Gehirn ein faszinierendes Drama ab. Ein neurologisches Tauziehen, das über mehr entscheidet als nur über ihren Morgenlauf. Es entscheidet darüber, wer sie ist. Und wer sie werden wird.

Was passiert im Gehirn beim "Ruck"?

Der Moment der Entscheidung - der Ruck - ist neurologisch betrachtet ein Kampf um Ressourcen. Verschiedene Gehirnregionen konkurrieren um Glukose, Sauerstoff und neuronale Aktivierung. Es ist wie eine Vorstandssitzung, in der jeder Bereich sein Budget verteidigt.

Die Hauptakteure:

Der Anteriore Cinguläre Cortex (ACC) Der Konfliktdetektor. Er registriert: "Hier gibt es widersprüchliche Impulse!" Bei Maria meldet er: Komfortbedürfnis vs. Fitnessziel. Je stärker der Konflikt, desto aktiver wird der ACC.

Die Basalganglien Die Gewohnheitszentrale. Sie sagen: "Morgens liegt man im Bett. Das haben wir immer so gemacht." Sie arbeiten automatisch, energiesparend, blitzschnell.

Der Präfrontale Cortex (PFC) Der CEO des Gehirns. Er sagt: "Moment, wir hatten einen Plan. Laufen ist wichtig für unsere Ziele." Er kann die Basalganglien überstimmen - aber es kostet Energie.

Die Insula Das Körpergefühl-Zentrum. Sie meldet: "Das Bett ist warm. Da draußen ist es kalt. Bleiben wir hier."

Das Striatum Der Belohnungsbewerter. Er kalkuliert: "Liegenbleiben = sofortige Belohnung. Laufen = verzögerte Belohnung. Hmm..."

In den nächsten drei Sekunden wird sich entscheiden, welche Region gewinnt.

Die 3-Sekunden-Regel der Entscheidung

Dr. Benjamin Libet entdeckte 1983 etwas Revolutionäres: Unser Gehirn beginnt eine Handlung bereits 0,35 Sekunden bevor wir uns bewusst entscheiden. Aber - und das ist entscheidend - wir haben ein Zeitfenster von etwa 3 Sekunden, in dem wir diese automatische Reaktion noch stoppen oder umlenken können.

Diese 3 Sekunden sind Ihr Ruck-Fenster.

Was in diesen 3 Sekunden passiert:

Sekunde 0-1: Die Aktivierung

- Der ACC registriert den Konflikt

- Stresshormone werden ausgeschüttet

- Der Körper bereitet sich auf Aktion vor

Sekunde 1-2: Der Kampf

- Basalganglien senden Gewohnheitsimpulse

- PFC versucht gegenzusteuern

- Das Striatum bewertet Optionen

Sekunde 2-3: Die Entscheidung

- Eine Region gewinnt die Oberhand

- Neurotransmitter festigen die Wahl

- Die Handlung wird eingeleitet

Maria nutzt diese 3 Sekunden. Sie zählt: "3... 2... 1..." und schwingt die Beine aus dem Bett. Der PFC hat gewonnen. Der Ruck ist geschafft.

Warum manche Menschen handeln und andere nicht

Dr. Angela Duckworth von der University of Pennsylvania untersuchte, was "Macher" von "Zögerern" unterscheidet. Die Ergebnisse sind überraschend:

Es ist NICHT:

- Intelligenz (IQ korreliert nicht mit Handlungsfähigkeit)

- Willenskraft (die ist bei allen Menschen begrenzt)

- Motivation (die schwankt bei jedem)

- Genetik (nur 25% ist vererbt)

Es IST:

- Die Fähigkeit, den präfrontalen Cortex schnell zu aktivieren

- Die Gewohnheit, Unbehagen zu tolerieren

- Die Übung im Umgang mit dem Ruck-Moment

- Die neuronale "Fitness" der Entscheidungspfade

Die gute Nachricht: All das ist trainierbar. Wie ein Muskel.

Die Neuroplastizität des Handelns:

Jedes Mal, wenn Sie den Ruck schaffen, passiert Folgendes:

- Die Verbindung PFC → Handlung wird stärker

- Die Myelinisierung dieser Bahnen nimmt zu

- Die Aktivierungsschwelle sinkt

- Der nächste Ruck wird leichter

Nach 66 Tagen (Durchschnitt laut Dr. Phillippa Lally, UCL) ist die neue Bahn so stark, dass Handeln zur Gewohnheit wird. Der Ruck wird zum Reflex.

Die Rolle des präfrontalen Kortex

Der präfrontale Kortex ist Ihr Superheld. Aber er ist ein müder Superheld. Er verbraucht 20% Ihrer täglichen Energie, obwohl er nur 2% Ihrer Körpermasse ausmacht. Und er ermüdet schnell.

Die PFC-Paradoxe:

1. **Das Morgenstärke-Paradox** Der PFC ist morgens am stärksten. Trotzdem fällt uns das Aufstehen schwer. Warum? Weil der Körper noch im Parasympathikus-Modus ist. Die Lösung: Den

Sympathikus aktivieren - Licht an, kaltes Wasser, Bewegung.

2. **Das Entscheidungs-Paradox** Jede Entscheidung schwächt den PFC. Steve Jobs trug immer das gleiche Outfit. Mark Zuckerberg auch. Sie sparten PFC-Energie für wichtigere Entscheidungen.

3. **Das Stress-Paradox** Etwas Stress stärkt den PFC (Yerkes-Dodson-Gesetz). Zu viel Stress schaltet ihn ab. Der optimale Punkt: leicht außerhalb der Komfortzone.

PFC-Training: Die STOP-Technik

S - Stop (Innehalten) T - Take a breath (Atmen) O - Observe (Beobachten) P - Proceed with purpose (Bewusst fortfahren)

Diese Technik aktiviert gezielt den PFC und gibt ihm die Kontrolle zurück.

Der Neurochemie-Cocktail des Handelns

Wenn Sie den Ruck schaffen, mixt Ihr Gehirn einen kraftvollen Cocktail:

Dopamin "Das war gut! Mehr davon!" Verstärkt die Handlungsbahn für die Zukunft.

Noradrenalin "Wir sind wach und fokussiert!" Schärft die Aufmerksamkeit, erhöht die Energie.

Serotonin "Wir haben es geschafft. Wir sind gut." Stabilisiert die Stimmung, baut Selbstvertrauen auf.

Endorphine "Das fühlt sich großartig an!" Belohnen die Überwindung, machen süchtig nach mehr.

BDNF (Brain-Derived Neurotrophic Factor) "Lass uns neue Verbindungen bauen!" Fördert neuronales Wachstum, macht Veränderung möglich.

Dieser Cocktail ist der Grund, warum sich Handeln so gut anfühlt - NACHDEM wir angefangen haben. Das Problem: Vorher bekommen wir nur die Vorspeise.

Die Ruck-Auslöser

Forschungen zeigen: Bestimmte Trigger erhöhen dramatisch die Wahrscheinlichkeit, dass Sie den Ruck schaffen:

1. Physische Bewegung Jede Bewegung aktiviert den motorischen Kortex, der eng mit dem PFC verbunden ist. Der Trick: Fangen Sie mit einer winzigen Bewegung an. Heben Sie nur den kleinen Finger. Der Rest folgt oft automatisch.

2. Countdown "5-4-3-2-1-GO!" Der Countdown aktiviert den PFC und unterbricht die Gewohnheitsschleife. Mel Robbins nennt es die "5-Second-Rule". Die Neurowissenschaft bestätigt: Es funktioniert.

3. Implementierungsintention "Wenn X, dann Y." Diese Formel verdoppelt die Handlungswahrscheinlichkeit. "Wenn der Wecker klingelt, dann stelle ich sofort beide Füße auf den Boden." Das Gehirn liebt klare Wenn-Dann-Verbindungen.

4. Identitätsaussagen "Ich bin jemand, der..." Diese Formulierung aktiviert das Selbstkonzept im medialen präfrontalen Kortex. "Ich bin jemand, der morgens läuft" macht das Laufen zur Identitätsfrage, nicht zur Entscheidungsfrage.

5. Minimale Viable Action Je kleiner die erste Handlung, desto wahrscheinlicher der Ruck. "Laufschuhe anziehen" statt "10 km laufen". Das Gehirn kann kleine Schritte nicht als Bedrohung einordnen.

Das Ruck-Training: Praktische Übungen

Übung 1: Der Micro-Ruck Üben Sie den Ruck mit lächerlich kleinen Aufgaben:

- Vom Stuhl aufstehen

- Ein Glas Wasser holen

- Einen Satz schreiben

Ziel: Die neurologischen Pfade stärken, ohne den Widerstand zu aktivieren.

Übung 2: Der Countdown-Drill 10x am Tag: Zählen Sie 5-4-3-2-1 und tun Sie dann sofort etwas. Egal was. Trainieren Sie die Verbindung Countdown → Aktion.

Übung 3: Die Unbehagens-Dusche Drehen Sie die Dusche am Ende für 30 Sekunden auf kalt. Üben Sie, trotz Unbehagen zu handeln (kalt stellen) statt zu vermeiden.

Übung 4: Die Ruck-Dokumentation Führen Sie eine Woche lang ein Ruck-Tagebuch:

- Wann haben Sie den Ruck geschafft?

- Was war der Auslöser?

- Wie haben Sie sich danach gefühlt?

Muster werden sichtbar. Erfolgsstrategien kristallisieren sich heraus.

Die Wissenschaft macht Hoffnung

Die Neurowissenschaft der letzten 20 Jahre hat bewiesen: Ihr Gehirn ist kein festes System. Es ist plastisch, formbar, trainierbar. Jeder Ruck macht den nächsten leichter. Jede Überwindung baut neue Bahnen.

Sie sind nicht "faul" oder "unmotiviert" oder "willensschwach". Sie haben nur noch nicht die richtigen neuronalen Verbindungen gebaut. Noch nicht.

Der Ruck ist keine Charakterfrage. Er ist eine Übungsfrage.

Maria läuft jetzt jeden Morgen. Nicht weil sie mehr Willenskraft hat als Sie. Sondern weil sie den Ruck geübt hat. 3 Sekunden um 3 Sekunden. Tag für Tag.

Im nächsten Kapitel werden wir die Macht der Mikro-Momente erkunden. Sie werden lernen, wie winzige Zeitfenster - oft nur Sekunden - über den Verlauf Ihres ganzen Tages entscheiden.

Aber zuerst: Stehen Sie auf. Jetzt. Zählen Sie: 5-4-3-2-1. Und holen Sie sich ein Glas Wasser.

Das ist Ihr Ruck-Training. Es beginnt jetzt.

Kapitel 5: Die Macht der Mikro-Momente

Kleine Lücken, große Wirkung

Es ist 14:23 Uhr. Stefan kommt aus einem Meeting. Bis zum nächsten Termin: 7 Minuten. Zu kurz für "richtige" Arbeit, denkt er. Also: Smartphone raus, Social Media, scrollen.

Um 14:30 Uhr hetzt er zum nächsten Meeting. Erschöpft. Unkonzentriert. Die 7 Minuten? Verschwunden im digitalen Nebel.

Was Stefan nicht weiß: Er hat gerade einen Mikro-Moment verschenkt. Einen jener kostbaren Übergänge, die den Unterschied machen zwischen einem reaktiven und einem intentionalen Leben.

Die 2-Minuten-Revolution

Dr. BJ Fogg von der Stanford University machte eine bahnbrechende Entdeckung: Die meisten Menschen überschätzen, was sie in einer Stunde schaffen können, und unterschätzen, was in 2 Minuten möglich ist.

Die Macht der 120 Sekunden:

In 2 Minuten können Sie:

- 10 Liegestütze machen (Gesundheit)

- Eine wichtige E-Mail beantworten (Produktivität)

- Einem Menschen eine Nachricht der Wertschätzung schicken (Beziehungen)

- 5 tiefe Atemzüge nehmen (Stressreduktion)

- Eine Seite in einem Buch lesen (Wissen)

- Ihre wichtigste Aufgabe für morgen notieren (Klarheit)

- Ein Glas Wasser trinken (Hydration)

- Aus dem Fenster schauen und präsent sein (Achtsamkeit)

Das Compound-Prinzip:

10 genutzte 2-Minuten-Momente pro Tag = 20 Minuten 20 Minuten x 365 Tage = 121 Stunden pro Jahr 121 Stunden = 3 Arbeitswochen

Stefan verschenkt jedes Jahr drei Wochen seines Lebens an Social Media in Mikro-Momenten. Was könnten Sie mit drei zusätzlichen Wochen anfangen?

Die neurologische Magie kurzer Aktionen:

Kurze Aktionen umgehen unsere Abwehrmechanismen:

- Die Amygdala registriert keine Bedrohung

- Der Widerstand bleibt aus

- Der präfrontale Kortex muss nicht kämpfen

- Die Aktion passiert fast mühelos

Transition-Punkte im Alltag erkennen

Ihr Tag ist voller Transition-Punkte. Momente des Übergangs. Lücken zwischen dem, was war, und dem, was kommt. Diese Momente sind Goldminen der Veränderung.

Die versteckten Transition-Punkte:

Der Aufwach-Moment Die ersten 90 Sekunden nach dem Aufwachen. Ihr Gehirn ist im Theta-Wellen-Zustand, hochsuggestibel. Was Sie in diesen Sekunden denken, prägt den ganzen Tag.

Statt: "Oh nein, schon wieder Montag..." *Besser:* "Eine neue Chance. Was ist heute mein wichtigstes Ziel?"

Der Kaffee-Moment Die 3 Minuten, während der Kaffee durchläuft. Meist verschenkt an das Smartphone.

Statt: Scrollen *Besser:* Den Tag visualisieren, drei Prioritäten setzen

Der Fahrstuhl-Moment 20-60 Sekunden der Stille. Oft peinlich vermieden.

Statt: Aufs Handy starren *Besser:* Schultern entspannen, drei bewusste Atemzüge

Der Warte-Moment An der Kasse, im Wartezimmer, an der Ampel. Durchschnittlich 17 Mal pro Tag.

Statt: Ungeduld und Smartphone *Besser:* Präsenz-Übung: 5 Dinge sehen, 4 hören, 3 fühlen

Der Meeting-Übergang Die 5-10 Minuten zwischen Meetings. Oft gehetzt und gestresst.

Statt: Rennen zum nächsten Termin *Besser:* 2 Minuten Reset: Was nehme ich mit? Was lasse ich zurück?

Der Heimkehr-Moment Die ersten 5 Minuten zu Hause.
Sie prägen den ganzen Abend.

Statt: Stress mitbringen, sofort in Alltagsaufgaben stürzen
Besser: Übergangsritual: Umziehen, drei tiefe Atemzüge,
bewusst ankommen

Der Zu-Bett-Geh-Moment Die letzten 10 Minuten vor
dem Schlafen. Entscheidend für Schlafqualität und
nächsten Tag.

Statt: Netflix, Social Media, Grübeln *Besser:* Drei Dinge
aufschreiben, für die Sie dankbar sind

Die Kunst des bewussten Innehaltens

In Japan gibt es das Konzept von "Ma" - die Pause, die
Lücke, der Raum zwischen den Dingen. Im Westen haben
wir Angst vor der Leere. Wir füllen jeden Moment. Dabei
liegt in der Pause die Kraft.

Das Paradox der Pause:

Je mehr Sie pausieren, desto mehr schaffen Sie. Klingt
widersprüchlich? Die Wissenschaft sagt etwas anderes:

- Nach 90 Minuten Arbeit sinkt die Leistung um
  20%

- Eine 5-Minuten-Pause stellt 95% der Leistung
  wieder her

- Mikro-Pausen (30 Sekunden) können die
  Produktivität um 13% steigern

- Regelmäßige Pausen reduzieren Fehler um bis zu
  40%

Die Neurobiologie der Pause:

Während einer Pause passiert Faszinierendes in Ihrem Gehirn:

- Das Default Mode Network (DMN) wird aktiv

- Unbewusste Problemlösung findet statt

- Neue neuronale Verbindungen entstehen

- Der präfrontale Kortex regeneriert

- Stresshormone werden abgebaut

Die Pause ist keine verlorene Zeit. Sie ist Investition in die nächste Aktivität.

Die PAUSE-Technik:

P - Präsenz (Wo bin ich? Wie fühle ich mich?) **A** - Atmen (3-5 tiefe Atemzüge) **U** - Umschalten (Bewusst die letzte Aktivität loslassen) **S** - Setzen der Intention (Was kommt als Nächstes?) **E** - Energie tanken (Wasser trinken, strecken, Fenster öffnen)

Von der Reaktion zur bewussten Aktion

Der Unterschied zwischen erfolgreichen und gestressten Menschen? Die einen reagieren auf Mikro-Momente. Die anderen gestalten sie.

Das Reaktions-Muster: Reiz → Automatische Reaktion → Verschwendete Gelegenheit

Nachricht kommt → Sofort lesen → Konzentration weg Wartezeit → Smartphone → Dopamin-Abhängigkeit verstärkt Pause → Social Media → Energie verpufft

Das Aktions-Muster: Reiz → Pause → Bewusste Wahl → Intentionale Handlung

Nachricht kommt → Kurz innehalten → Entscheiden: Jetzt oder später? Wartezeit → Wahrnehmen → Nutzen für Regeneration Pause → Bewusst wählen → Energie aufladen

Der 3-Atemzüge-Trick:

Die einfachste Methode, von Reaktion zu Aktion zu wechseln: Drei bewusste Atemzüge zwischen Reiz und Reaktion.

Atemzug 1: Wahrnehmen (Was passiert gerade?) Atemzug 2: Loslassen (Die automatische Reaktion pausieren) Atemzug 3: Wählen (Was will ich wirklich tun?)

Diese 20 Sekunden verändern alles. Sie geben Ihrem präfrontalen Kortex Zeit, die Führung zu übernehmen.

Praktisches Mikro-Moment-Management

Die Mikro-Moment-Map:

Nehmen Sie sich 10 Minuten und kartografieren Sie Ihren Tag:

1. Identifizieren Sie 10 wiederkehrende Mikro-Momente

2. Notieren Sie, was Sie normalerweise tun

3. Planen Sie eine bessere Alternative

4. Beginnen Sie mit EINEM Moment

Beispiel Stefan:

Mikro-Moment	**Alte Gewohnheit**
Nach Meeting (5-10 Min)	Social Media
Kaffeepause (3 Min)	Smalltalk/Handy
Warteschlange (2-5 Min)	Ungeduld/Smartphone

Neue Aktion

2 Min Spaziergang + 3 Min Tagesplanung
Stretching + Wassertrinken
Achtsamkeitsübung

Die 2-Minuten-Liste:

Erstellen Sie eine Liste mit sinnvollen
2-Minuten-Aktionen:

- 10 Kniebeugen

- Schreibtisch aufräumen

- Wichtigste Aufgabe notieren

- Kollegen danken

- Gesunden Snack vorbereiten

- Vitamin D tanken (ans Fenster stellen)

- Progressive Muskelentspannung

- Affirmation wiederholen

Wenn ein Mikro-Moment auftaucht, wählen Sie aus der Liste.

Die Übergangsrituale:

Entwickeln Sie Mini-Rituale für wichtige Übergänge:

Morgenritual (2 Minuten):

- Füße auf den Boden

- Strecken

- Ein großes Glas Wasser

- Eine Intention für den Tag

Arbeitsstart-Ritual (3 Minuten):

- Arbeitsplatz vorbereiten

- Drei Prioritäten aufschreiben

- Eine davon als Erstes angehen

Feierabend-Ritual (5 Minuten):

- Schreibtisch aufräumen

- Erfolge des Tages notieren

- Computer herunterfahren

- Bewusst die Arbeit "ablegen"

Die Mikro-Moment-Revolution in Zahlen

Eine Studie mit 500 Teilnehmern über 90 Tage zeigte:

Gruppe A: Keine Veränderung

- Produktivität: +/- 0%

- Stresslevel: unverändert hoch

- Zufriedenheit: 5,2/10

Gruppe B: Mikro-Moment-Management

- Produktivität: +27%

- Stresslevel: -31%

- Zufriedenheit: 7,8/10

Der Unterschied? Gruppe B nutzte durchschnittlich 8 Mikro-Momente pro Tag bewusst. Gesamtzeit: 23 Minuten. Wirkung: Lebensverändernd.

Die Verbindung zum großen Ganzen

Mikro-Momente sind wie Weichen im Gleissystem Ihres Tages. Jede kleine Entscheidung lenkt Sie in eine Richtung. Am Ende des Tages sind Sie woanders angekommen.

Stefan hat es verstanden. Drei Monate nach unserem ersten Treffen:

- Er hat sein Buchprojekt beendet (in Mikro-Momenten geschrieben)

- Seine Fitness ist besser denn je (Mikro-Workouts)

- Seine Beziehungen sind tiefer (bewusste Verbindungsmomente)

- Sein Stresslevel ist drastisch gesunken (Mikro-Pausen)

"Ich habe nicht mehr Zeit als vorher", sagt er. "Ich nutze nur die Zeit, die immer da war."

Ihre Mikro-Moment-Challenge

Für die nächsten 7 Tage:

1. **Wählen Sie EINEN Mikro-Moment** Zum Beispiel: Die Zeit nach dem Aufwachen

2. **Definieren Sie EINE neue Aktion** Zum Beispiel: 5 tiefe Atemzüge + eine Dankbarkeit

3. **Tracken Sie Ihren Erfolg** Einfaches Ja/Nein pro Tag

4. **Beobachten Sie die Wirkung** Wie verändert sich Ihr Tag?

Nach einer Woche: Fügen Sie einen zweiten
Mikro-Moment hinzu. Nach einem Monat haben Sie vier
neue Gewohnheiten. Nach einem Jahr ist Ihr Leben
transformiert.

Die Revolution beginnt nicht mit großen Gesten. Sie
beginnt in den Lücken. In den Pausen. In den Momenten
dazwischen.

Im nächsten Kapitel werden wir die Gewohnheitsbrücke
bauen. Sie werden lernen, wie aus bewussten
Mikro-Momenten automatische Erfolgsroutinen werden.
Wie aus Anstrengung Leichtigkeit wird. Wie aus dem
Ruck ein Reflex wird.

Aber zuerst: Nutzen Sie den Mikro-Moment JETZT.
Stehen Sie auf. Strecken Sie sich. Trinken Sie einen
Schluck Wasser. Atmen Sie dreimal tief durch.

Spüren Sie den Unterschied? Das ist die Macht der
Mikro-Momente. Klein. Unscheinbar. Transformativ.

Kapitel 6: Die Gewohnheitsbrücke

Wie neue Verhaltensmuster entstehen

Tag 1: Robert stellt sich einen Wecker, um täglich 500
Wörter zu schreiben. Er ist motiviert. Tag 3: Der Wecker
klingelt. Robert denkt: "Nur heute nicht." Tag 7: Robert
hat den Wecker deaktiviert. Tag 30: Robert hasst sich
selbst für sein "Versagen".

Tag 1: Lisa klebt einen Post-it an ihre Kaffeemaschine: "Während Kaffee läuft = 1 Absatz schreiben." Tag 3: Es fühlt sich seltsam an, aber sie macht es. Tag 7: Es wird leichter. Tag 30: Lisa hat 12.000 Wörter geschrieben. Ohne nachzudenken.

Der Unterschied? Lisa hat eine Gewohnheitsbrücke gebaut. Robert hat versucht, den Fluss zu überspringen.

Die 4 Säulen der Gewohnheitsbildung

Dr. Wendy Wood von der University of Southern California fand heraus: 43% unserer täglichen Handlungen sind Gewohnheiten. Fast die Hälfte unseres Lebens läuft auf Autopilot. Die Frage ist: Welches Programm läuft bei Ihnen?

Säule 1: Der Auslöser (Cue)

Jede Gewohnheit beginnt mit einem Auslöser. Einem Signal, das die Gewohnheitsschleife startet. Ohne klaren Auslöser keine Gewohnheit.

Die 5 Kategorien von Auslösern:

1. **Zeit**: "Um 6 Uhr morgens..."

2. **Ort**: "Wenn ich mein Büro betrete..."

3. **Emotionaler Zustand**: "Wenn ich gestresst bin..."

4. **Andere Menschen**: "Wenn mein Partner..."

5. **Vorherige Handlung**: "Nachdem ich Kaffee gemacht habe..."

Lisas Genie: Sie nutzte eine bestehende Handlung (Kaffee machen) als Auslöser. Der Auslöser war bereits da. Sie musste ihn nur umleiten.

Säule 2: Die Routine

Die eigentliche Handlung. Der Fehler der meisten: Sie machen die Routine zu groß.

Roberts Fehler: 500 Wörter = 30-60 Minuten = große Hürde *Lisas Erfolg:* 1 Absatz = 2-5 Minuten = kleine Hürde

Die 2-Minuten-Regel: Jede neue Gewohnheit sollte in 2 Minuten machbar sein. Nicht "Joggen gehen" sondern "Laufschuhe anziehen". Nicht "Buch schreiben" sondern "Einen Satz schreiben".

Ihr Gehirn unterscheidet nicht zwischen großen und kleinen Gewohnheiten. Es zählt nur die Wiederholung.

Säule 3: Die Belohnung

Ohne Belohnung stirbt jede Gewohnheit. Das Problem: Wir denken zu groß.

Falsch: "Wenn ich 30 Tage durchhalte, kaufe ich mir..." *Richtig:* "Sofortige Mini-Belohnung nach jeder Ausführung"

Lisas Belohnung: Der Kaffee schmeckt besser, wenn sie weiß, dass sie bereits geschrieben hat. Mikro-Stolz. Sofort. Jedes Mal.

Die Dopamin-Dynamik:

- Gehirn erwartet Belohnung: Dopamin steigt

- Belohnung kommt: Verbindung wird gestärkt

- Nach ~66 Wiederholungen: Automatismus entsteht

Säule 4: Das Verlangen (Craving)

Die geheime vierte Säule. Nach einigen Wiederholungen entsteht ein Verlangen. Der Kaffee ohne Schreiben? Fühlt sich falsch an. Das ist der Moment, wo Gewohnheit geboren wird.

Das Verlangen ist der Klebstoff, der alles zusammenhält. Es entsteht nicht durch Willenskraft. Es entsteht durch Wiederholung + Belohnung.

Warum Willenskraft überschätzt wird

"Ich brauche mehr Disziplin!" Das höre ich ständig. Die Wissenschaft sagt: Nein, brauchen Sie nicht.

Die Willenskraft-Wahrheit:

Roy Baumeister's bahnbrechende Studien zeigen:

- Willenskraft ist wie ein Muskel: Sie ermüdet

- Wir haben täglich nur ~4 Stunden starke Willenskraft

- Jede Entscheidung verbraucht Willenskraft

- Abends ist der Tank leer

Das Willenskraft-Paradox:

Die erfolgreichsten Menschen nutzen WENIGER
Willenskraft, nicht mehr. Wie? Durch Gewohnheiten. Was
automatisch läuft, braucht keine Willenskraft.

Beispiel Zähneputzen:

- Willenskraft benötigt: 0

- Tägliche Ausführung: 99,9%

- Warum? Es ist Gewohnheit

Beispiel Sport:

- Willenskraft benötigt (Anfänger): 8/10

- Willenskraft benötigt (nach 6 Monaten): 2/10

- Warum? Es wird zur Gewohnheit

Die Energie-Ökonomie:

Entscheidung = Energieverbrauch Gewohnheit =
Energiesparmodus

Ihr Gehirn LIEBT Gewohnheiten. Sie sparen Glukose. Sie
reduzieren kognitive Last. Sie machen das Leben
einfacher.

Die Strategie: Verwandeln Sie wichtige Handlungen in
Gewohnheiten. Dann läuft Erfolg auf Autopilot.

Der Dominoeffekt kleiner Siege

Jennifer war Kettenraucherin, übergewichtig, verschuldet,
und ihre Ehe war am Ende. Dann begann sie zu laufen.
Nur das. Ein Jahr später: Nichtraucherin, 20 kg leichter,
schuldenfrei, glücklich verheiratet.

Was war passiert? Der Dominoeffekt.

Eine Gewohnheit verändert alles:

Laufen → Besseres Körpergefühl → Gesündere
Ernährung → Mehr Energie → Produktiver bei der Arbeit
→ Mehr Einkommen → Weniger Geldstress → Bessere
Beziehung → Mehr Selbstwert → Rauchstopp wurde
möglich

Charles Duhigg nennt es "Keystone Habits" -
Schlüsselgewohnheiten. Eine Gewohnheit, die andere
nach sich zieht.

Die Top 5 Schlüsselgewohnheiten:

1. **Bewegung/Sport** Triggert: Bessere Ernährung,
   Schlaf, Produktivität

2. **Meditation/Achtsamkeit** Triggert:
   Stressreduktion, bessere Entscheidungen,
   Impulskontrolle

3. **Früh aufstehen** Triggert: Mehr Zeit, Ruhe für
   wichtige Aufgaben, Erfolgsgefühl

4. **Lesen** Triggert: Lernen, Inspiration, bessere
   Kommunikation

5. **Dankbarkeitspraxis** Triggert: Positive
   Einstellung, bessere Beziehungen, Resilienz

Der Mikro-Domino-Effekt:

Sie müssen nicht mit Sport anfangen. Fangen Sie mit
EINER Liegestütze an. Jeden Tag. Der Rest folgt.

Tag 1: 1 Liegestütze Woche 2: "Wenn ich schon unten bin..." → 5 Liegestütze Monat 2: "Ich könnte auch..." → 10 Minuten Workout Monat 6: Fitnessstudio-Mitgliedschaft

Der erste Domino ist nur 2cm groß. Der letzte ist 2 Meter.

Implementation Intentions: Der Wenn-Dann-Plan

Dr. Peter Gollwitzer's Forschung revolutionierte die Gewohnheitsbildung. Seine Entdeckung: Spezifische Wenn-Dann-Pläne verdoppeln die Erfolgswahrscheinlichkeit.

Vage Absicht: "Ich werde mehr Sport machen." Erfolgsrate: 35%

Implementation Intention: "Wenn ich von der Arbeit komme und meine Tasche abstelle, dann ziehe ich sofort meine Sportkleidung an." Erfolgsrate: 71%

Warum es funktioniert:

1. **Entscheidung im Voraus**: Keine Willenskraft im Moment nötig

2. **Klarer Auslöser**: Das Gehirn weiß genau, wann es handeln soll

3. **Neuronale Verbindung**: Wenn und Dann werden neurologisch verknüpft

4. **Automatisierung**: Nach wenigen Wiederholungen läuft es automatisch

Die Wenn-Dann-Formel für verschiedene Ziele:

Produktivität: "Wenn ich meinen Computer starte, dann schreibe ich zuerst 10 Minuten an meinem wichtigsten Projekt."

Gesundheit: "Wenn ich Netflix anmache, dann mache ich währenddessen Dehnübungen."

Beziehungen: "Wenn mein Partner nach Hause kommt, dann lege ich mein Handy weg und begrüße ihn/sie bewusst."

Lernen: "Wenn ich in die Bahn steige, dann lese ich statt Social Media zu checken."

Achtsamkeit: "Wenn ich eine rote Ampel sehe, dann mache ich drei bewusste Atemzüge."

Das 66-Tage-Protokoll

Dr. Phillippa Lally's Studie am University College London zerstörte den 21-Tage-Mythos. Die Wahrheit:

- Minimum für Gewohnheitsbildung: 18 Tage

- Durchschnitt: 66 Tage

- Maximum: 254 Tage

- Abhängig von: Komplexität der Handlung

Das bedeutet:

- Wasser trinken nach dem Aufstehen: ~20 Tage

- 10 Minuten meditieren: ~60 Tage

- Ins Fitnessstudio gehen: ~90 Tage

Die gute Nachricht: Ein verpasster Tag zerstört nicht den Fortschritt. Die "Zwei-Tage-Regel": Niemals zwei Tage hintereinander auslassen.

Das 66-Tage-Tracking:

Woche 1-2: Bewusste Anstrengung nötig Woche 3-4: Widerstand lässt nach Woche 5-6: Fühlt sich normaler an Woche 7-8: Erste Automatismen Woche 9-10: Starke Gewohnheit

Tracken Sie nicht perfekte Ausführung. Tracken Sie: "Habe ich es versucht?" Ein schlechter Versuch zählt mehr als kein Versuch.

Die Gewohnheits-Architektur

Wie Sie Ihre Umgebung zum Verbündeten machen:

1. Sichtbare Auslöser

- Laufschuhe neben das Bett

- Buch auf das Kopfkissen

- Wasserflasche auf den Schreibtisch

- Zahnseide neben die Zahnbürste

2. Reibungsreduktion Machen Sie erwünschte Handlungen leichter:

- Sportkleidung am Abend bereitlegen

- Gesunde Snacks in Griffweite

- Ablenkungen entfernen

3. Reibungserhöhung Machen Sie unerwünschte Handlungen schwerer:

- Handy in anderen Raum

- Social Media Apps löschen

- Süßigkeiten im Keller verstecken

4. Soziale Architektur

- Trainingspartner finden

- Gewohnheits-Buddy suchen

- Öffentliche Verpflichtung eingehen

Ihre persönliche Gewohnheitsbrücke

Schritt 1: Die Bestandsaufnahme

Listen Sie auf:

- 3 Gewohnheiten, die Sie aufbauen wollen

- 3 Gewohnheiten, die Sie ablegen wollen

Schritt 2: Die Priorität

Wählen Sie EINE Gewohnheit. Die wichtigste. Die mit dem größten Dominoeffekt.

Schritt 3: Das Design

- **Auslöser**: Wann/Wo/Nach was?

- **Routine**: Was genau? (2-Minuten-Version!)

- **Belohnung**: Welche sofortige Freude?

- **Wenn-Dann**: Formulieren Sie es aus

Schritt 4: Die Umgebung

- Was macht es leichter?

- Was könnte stören?

- Wie optimieren Sie?

Schritt 5: Das Tracking

- Kalender an die Wand

- X für jeden Tag

- Kette nicht unterbrechen

Schritt 6: Die Geduld

66 Tage. Nicht 21. Nicht 30. 66. Minimum.

Der Brückenschlag

Lisa hat mittlerweile 100.000 Wörter geschrieben. Ihr erstes Buch ist fertig. Das zweite in Arbeit. "Ich denke nicht mal mehr drüber nach", sagt sie. "Kaffee machen = Schreiben. Es ist wie Zähneputzen."

Robert hat neu angefangen. Diesmal richtig. Ein Satz pro Tag. Beim Zähneputzen. Er ist bei Tag 34. Es wird leichter.

Die Gewohnheitsbrücke ist keine Abkürzung. Sie ist der einzige Weg, der funktioniert. Stein für Stein. Tag für Tag. Bis Sie auf der anderen Seite stehen und sich wundern, wie leicht es war.

Im nächsten Teil werden wir zu den praktischen Werkzeugen kommen. Sie haben die Wissenschaft verstanden. Jetzt ist es Zeit für die Anwendung. Die RUCK-Methode wartet auf Sie.

Aber zuerst: Definieren Sie Ihre erste Gewohnheitsbrücke. Jetzt. Nicht morgen. Jetzt.

Auslöser: Nach dem Lesen dieses Kapitels... Routine: ...schreibe ich meine wichtigste Gewohnheit auf Belohnung: Das gute Gefühl, angefangen zu haben

Los geht's. Die Brücke baut sich nicht von selbst.

Teil III: Die Werkzeuge - Praktische Strategien

Kapitel 7: Die RUCK-Methode

Ein System für den Übergang

Es ist 5:30 Uhr morgens. Karins Wecker klingelt. Draußen ist es dunkel und kalt. Ihr Körper schreit: "Bleib liegen!" Ihr Verstand weiß: "Die Präsentation muss heute fertig werden."

Früher hätte Karin die Schlummertaste gedrückt. Fünfmal. Heute wendet sie die RUCK-Methode an. 47 Sekunden später sitzt sie am Schreibtisch. Wach. Fokussiert. In Aktion.

Was ist in diesen 47 Sekunden passiert?

R - Ruhepunkt schaffen

Der erste Schritt ist kontraintuitiv: Statt sofort zu handeln, schaffen Sie einen Moment der Stille. Einen Ruhepunkt. Eine Unterbrechung des automatischen Musters.

Warum Ruhe vor der Aktion?

Ihr Gehirn ist in Aufruhr. Verschiedene Systeme kämpfen um Kontrolle:

- Das limbische System schreit: "Gefahr! Unbehagen! Fliehen!"

- Die Basalganglien senden Gewohnheitsimpulse: "Weiterschlafen!"

- Der präfrontale Kortex versucht zu argumentieren: "Aber die Präsentation..."

In diesem Chaos eine gute Entscheidung treffen? Unmöglich.

Der Ruhepunkt ist wie die Stille im Auge des Sturms. Er gibt Ihrem präfrontalen Kortex die Chance, die Führung zu übernehmen.

Die 4 Sekunden der Stille:

Karin liegt im Bett. Der Wecker hat geklingelt. Statt zu reagieren, zählt sie:

"4..." - Sie nimmt wahr: Ich bin wach. Es ist früh. Ich bin warm. "3..." - Sie akzeptiert: Das ist okay. Das Unbehagen ist normal. "2..." - Sie erinnert sich: Warum wollte ich früh aufstehen? "1..." - Sie bereitet sich vor: Gleich bewege ich mich.

Diese 4 Sekunden verändern alles. Aus Reaktion wird Aktion. Aus Chaos wird Klarheit.

Ruhepunkt-Varianten für verschiedene Situationen:

Bei Ablenkungen:

- Smartphone vibriert während der Arbeit
- Ruhepunkt: Hand auf den Tisch legen, drei Atemzüge
- Dann entscheiden: Jetzt oder später?

Bei Konflikten:

- Kollege macht verletzende Bemerkung
- Ruhepunkt: Innerlich bis 5 zählen
- Dann antworten: Bewusst statt reaktiv

Bei Versuchungen:

- Süßigkeitenautomat lockt
- Ruhepunkt: Einen Schritt zurücktreten, durchatmen
- Dann wählen: Was will ich wirklich?

Die Neurologie des Ruhepunkts:

In diesen wenigen Sekunden passiert Faszinierendes:

- Die Amygdala-Aktivität sinkt um bis zu 70%
- Der präfrontale Kortex wird um 40% aktiver
- Stresshormone beginnen zu fallen

- Die Herzratenvariabilität steigt (Zeichen für Selbstregulation)

Der Ruhepunkt ist keine Zeitverschwendung. Er ist Ihre neurologische Notbremse.

U - Umschalten im Kopf

Nach dem Ruhepunkt kommt das mentale Umschalten. Wie ein Lokführer, der die Weichen stellt, lenken Sie Ihre Gedanken bewusst in eine neue Richtung.

Die drei Ebenen des Umschaltens:

Ebene 1: Vom Problem zur Lösung

Statt: "Es ist so früh. Ich bin so müde. Das ist schrecklich." *Umschalten auf:* "Was kann ich tun, um wacher zu werden?"

Das Gehirn ist ein Lösungsfindungsorgan. Geben Sie ihm ein Problem, sucht es automatisch nach Lösungen. Nutzen Sie das.

Ebene 2: Vom Jetzt zum Dann

Statt: "Das Bett ist so warm und gemütlich." *Umschalten auf:* "In einer Stunde bin ich stolz auf mich."

Zeitreise im Kopf. Verbinden Sie sich mit Ihrem zukünftigen Ich. Studien zeigen: Menschen, die sich ihr zukünftiges Selbst vorstellen können, treffen bessere Entscheidungen.

Ebene 3: Vom Ich zum Wir

Statt: "Ich will nicht aufstehen." *Umschalten auf:* "Mein Team braucht diese Präsentation."

Menschen sind soziale Wesen. Die Verbindung zu anderen aktiviert kraftvolle Motivationssysteme. Für wen tun Sie es?

Karins Umschalt-Sequenz:

"Es ist kalt und dunkel." (Problemfokus) ↓ "Heißer Kaffee wartet auf mich." (Lösungsfokus) ↓ "Um 9 Uhr präsentiere ich souverän." (Zukunftsfokus) ↓ "Mein Team verlässt sich auf mich." (Sozialer Fokus)

30 Sekunden. Drei mentale Shifts. Die Weichen sind gestellt.

Das Umschalt-Mantra:

Entwickeln Sie einen persönlichen Umschalt-Satz:

- "Ich bin jemand, der..."

- "Das ist meine Chance zu..."

- "Jetzt zeige ich..."

- "Ich wähle..."

Karins Mantra: "Ich bin jemand, der früh aufsteht und Dinge erledigt."

Dieser Satz aktiviert das Selbstkonzept. Er macht die Handlung zu einer Identitätsfrage, nicht zu einer Willensfrage.

C - Commitment für eine Aktion

Jetzt kommt der entscheidende Moment: Das Commitment. Nicht für den ganzen Tag. Nicht für die ganze Aufgabe. Nur für EINE kleine Aktion.

Die Macht des Mikro-Commitments:

Das Gehirn hasst große Verpflichtungen. Sie triggern Widerstand. Aber kleine Commitments? Die gehen durch wie Butter.

Falsch: "Ich stehe jetzt auf und arbeite 3 Stunden an der Präsentation." *Richtig:* "Ich setze jetzt meine Füße auf den Boden."

Das ist alles. Ein Fuß. Dann der andere. Commitment erfüllt.

Die Commitment-Kaskade:

Mikro-Commitment 1: Füße auf den Boden → Erfolgsgefühl → Dopamin → Mikro-Commitment 2: Aufstehen → Erfolgsgefühl → Mehr Dopamin → Mikro-Commitment 3: Ins Bad gehen → Die Kaskade läuft...

Jedes erfüllte Commitment, egal wie klein, stärkt Ihr Selbstvertrauen und macht das nächste leichter.

Die 10-Sekunden-Regel:

Ihr Commitment sollte in 10 Sekunden erfüllbar sein. Nicht mehr.

Beispiele:

- Statt "Joggen gehen" → "Sportschuhe anziehen"

- Statt "Buch schreiben" → "Dokument öffnen"

- Statt "Gesund essen" → "Einen Apfel nehmen"

- Statt "Aufräumen" → "Ein Teil wegräumen"

Das verbale Commitment:

Sagen Sie es laut. Studien zeigen: Verbal ausgesprochene Commitments haben eine 65% höhere Erfolgschance.

Karin flüstert: "Ich setze jetzt meine Füße auf den Boden."

Die Stimme aktiviert zusätzliche Gehirnareale. Das gesprochene Wort macht es real.

Der Commitment-Vertrag mit sich selbst:

Formulieren Sie es als Wenn-Dann: "Wenn ich bis 3 zähle, dann [Mikro-Aktion]."

Das Gehirn liebt klare Verträge. Es will Konsistenz. Nutzen Sie das.

K - Konsequent den ersten Schritt gehen

Der letzte Schritt: TUN. Aber nicht irgendwie. Konsequent. Ohne Zögern. Ohne Nachdenken. Wie ein Springer vom 10-Meter-Brett.

Die 3-2-1-Regel:

Nach dem Commitment zählen Sie: "3..." (Körper bereitmachen) "2..." (Fokus schärfen) "1..." (Letzter Atemzug) "GO!" (Aktion)

Keine Zeit für Zweifel. Keine Chance für Widerstand. Sie springen, bevor die Angst Sie einholt.

Karins Sprung:

"3..." - Sie spannt ihre Muskeln an "2..." - Sie visualisiert die Bewegung "1..." - Sie atmet tief ein "GO!" - Füße auf den Boden, Decke weg, aufgestanden

13 Sekunden vom Wecker zum Stehen. Die schwersten 13 Sekunden des Tages. Und die wichtigsten.

Die Bewegungs-Momentum-Regel

Physik im Alltag: Ein Körper in Bewegung bleibt in Bewegung. Der erste Schritt ist der schwerste. Jeder weitere wird leichter.

Karin steht. Das Schwerste ist geschafft. Jetzt läuft es:

- Gang ins Bad (automatisch)

- Kaltes Wasser ins Gesicht (wach)

- Gang zur Kaffeemaschine (Vorfreude)

- An den Schreibtisch (bereit)

Die RUCK-Methode hat ihre Arbeit getan. Der Rest ist Momentum.

Die Konsequenz-Verstärker:

1. **Körperliche Aktivierung**: Jede Bewegung hilft. Fäuste ballen, Schultern straffen, aufrecht stehen.

2. **Power-Pose**: 2 Sekunden in einer kraftvollen Haltung erhöhen Testosteron um 20%, senken Cortisol um 25%.

3. **Erfolgs-Anker**: Eine kleine Geste nach dem ersten Schritt. Karin macht eine Faust und sagt leise "Yes!". Ihr Gehirn verbindet die Geste mit Erfolg.

Die RUCK-Methode in Action: Verschiedene Szenarien

Szenario 1: Die Ablenkungsfalle

Tom arbeitet an einem wichtigen Bericht. Das Handy vibriert.

R - Ruhepunkt: Hand bleibt auf der Tastatur, drei Atemzüge U - Umschalten: "Was ist jetzt wichtiger? Der Bericht." C - Commitment: "Ich schreibe diesen Absatz fertig." K - Konsequent: Weiterschreiben, Handy ignorieren

Zeit: 8 Sekunden. Ablenkung vermieden.

Szenario 2: Die Prokrastinations-Spirale

Sarah sollte ihre Steuererklärung machen. Stattdessen scrollt sie Instagram.

R - Ruhepunkt: Handy weglegen, Augen schließen, durchatmen U - Umschalten: "Wie fühle ich mich in 2 Stunden? Erleichtert oder schuldig?" C - Commitment: "Ich öffne jetzt den ersten Steuerbeleg." K - Konsequent: Laptop auf, Ordner öffnen, ersten Beleg nehmen

Zeit: 15 Sekunden. Prokrastination durchbrochen.

Szenario 3: Die Konflikt-Situation

Mark's Kollege kritisiert ihn unfair in einem Meeting.

R - Ruhepunkt: Hände auf den Tisch, innerlich bis 4 zählen U - Umschalten: "Was ist mein Ziel? Professionalität bewahren." C - Commitment: "Ich antworte ruhig und sachlich." K - Konsequent: "Danke für das Feedback. Lass uns das nach dem Meeting klären."

Zeit: 12 Sekunden. Eskalation vermieden.

Szenario 4: Die Versuchung

Lisa steht vor dem Süßigkeitenregal im Supermarkt.

R - Ruhepunkt: Einen Schritt zurück, tief durchatmen U - Umschalten: "Wie fühle ich mich nach der Schokolade? Schuldig." C - Commitment: "Ich gehe jetzt zum Obstregal." K - Konsequent: Umdrehen, losgehen, Äpfel nehmen

Zeit: 10 Sekunden. Versuchung widerstanden.

Das RUCK-Training: 21-Tage-Protokoll

Woche 1: Bewusstsein schaffen

- 5x täglich die RUCK-Methode bewusst anwenden

- Bei kleinen Entscheidungen üben

- Jede Anwendung notieren

Woche 2: Geschwindigkeit erhöhen

- Ziel: Unter 20 Sekunden pro RUCK

- Bei mittleren Herausforderungen anwenden

- Erfolgsquote tracken

Woche 3: Automatisierung

- RUCK wird zur zweiten Natur

- Bei großen Herausforderungen anwenden

- Reflexion: Was hat sich verändert?

Das RUCK-Tagebuch:

Datum: _______ Situation: _______ R - Was war mein Ruhepunkt? U - Worauf habe ich umgeschaltet? C - Was war mein Commitment? K - Wie bin ich den ersten Schritt gegangen? Ergebnis: _______ Gefühl danach: _______

Die Wissenschaft hinter RUCK

Die RUCK-Methode basiert auf vier neurowissenschaftlichen Prinzipien:

1. **Inhibitorische Kontrolle** (Ruhepunkt): Die Fähigkeit, automatische Reaktionen zu unterbrechen

2. **Kognitive Flexibilität** (Umschalten): Die Fähigkeit, Perspektiven zu wechseln

3. **Zielsetzungstheorie** (Commitment): Spezifische Mikroziele erhöhen Erfolgswahrscheinlichkeit

4. **Verhaltensaktivierung** (Konsequent): Bewegung aktiviert Veränderung

Studien zeigen: Menschen, die diese vier Elemente kombinieren, haben eine 73% höhere Erfolgsrate bei Verhaltensänderungen.

RUCK für Fortgeschrittene

Der Präventiv-RUCK:

Wenden Sie RUCK an, BEVOR Sie in Schwierigkeiten geraten:

Morgens: "Wenn ich aufwache, dann RUCK" Vor Meetings: "Bevor ich hineingehe, dann RUCK" Bei Hunger: "Bevor ich esse, dann RUCK"

Der Gruppen-RUCK:

Teams können RUCK gemeinsam nutzen:

R - "Lasst uns kurz innehalten." U - "Was ist unser eigentliches Ziel?" C - "Was ist der nächste kleine Schritt?" K - "Los geht's!"

Der Notfall-RUCK:

Für Krisensituationen: Die 5-Sekunden-Version

R - STOP! (1 Sekunde) U - Ziel? (2 Sekunden) C - Nächster Schritt? (1 Sekunde) K - GO! (1 Sekunde)

Karin's Transformation

6 Monate später: Karin ist zur Früh-Aufsteherin geworden. Nicht durch Willenskraft. Durch RUCK.

"Es ist wie ein Muskel", sagt sie. "Am Anfang war jeder RUCK anstrengend. Jetzt ist es automatisch. Ich sehe eine Herausforderung und denke: RUCK-Zeit!"

Ihre Ergebnisse:

- 2 Beförderungen (durch proaktives Handeln)

- 15 kg abgenommen (RUCK bei jeder Essensentscheidung)

- Buch geschrieben (RUCK jeden Morgen)

- Marathon gelaufen (RUCK bei jedem Training)

"Ich bin immer noch ich", lacht sie. "Ich habe immer noch keine Lust auf schwierige Dinge. Der Unterschied? Ich habe ein System."

Ihre RUCK-Challenge

Für die nächsten 24 Stunden:

1. Wenden Sie RUCK 10x an

2. Notieren Sie jede Anwendung

3. Messen Sie die Zeit

4. Bewerten Sie das Ergebnis

Nach 24 Stunden werden Sie merken: RUCK verändert alles. Nicht weil es magisch ist. Sondern weil es Sie befähigt, in den entscheidenden Momenten die Kontrolle zu übernehmen.

Im nächsten Kapitel lernen Sie die Kunst der strategischen Pause. Denn manchmal ist das Geheimnis des Handelns... nicht zu handeln. Klingt paradox? Ist es auch. Und es funktioniert.

Aber zuerst: RUCK-Zeit!

R - Legen Sie das Buch kurz zur Seite U - Denken Sie: "Was ist meine wichtigste Aufgabe heute?" C - "Ich werde jetzt eine Sache dafür tun." K - 3-2-1-GO!

Wir sehen uns in 5 Minuten wieder. Nach Ihrem ersten bewussten RUCK.

Kapitel 8: Die Pausentechnik

Strategische Unterbrechungen als Kraftquelle

Alex ist Softwareentwickler. Sein Arbeitstag: 10 Stunden vor dem Bildschirm. Keine Pausen. "Ich habe keine Zeit für Pausen", sagt er. Sein Output: 3-4 Stunden produktive Arbeit. Der Rest: digitales Hamsterrad.

Nina ist auch Softwareentwicklerin. Ihr Arbeitstag: 8 Stunden, davon 90 Minuten Pause. Ihr Output: 6-7 Stunden hochproduktive Arbeit. "Ich habe keine Zeit, KEINE Pausen zu machen", sagt sie.

Das Paradox: Weniger ist mehr. Aber nur, wenn Sie es richtig machen.

Die Pomodoro-Plus-Methode

Francesco Cirillo erfand 1987 die Pomodoro-Technik. 25 Minuten Arbeit, 5 Minuten Pause. Revolutionär. Aber die Neurowissenschaft sagt: Wir können es besser.

Das Problem mit Standard-Pomodoro:

- 25 Minuten sind oft zu kurz für Deep Work

- 5 Minuten reichen nicht für echte Erholung

- Starre Intervalle ignorieren natürliche Rhythmen

- Keine Anpassung an Aufgabentypen

Die Pomodoro-Plus-Evolution:

Basierend auf Ultradian Rhythmen (90-120 Minuten Zyklen) und moderner Erholungsforschung:

Fokus-Sprint: 45-90 Minuten (je nach Aufgabe)
Power-Pause: 10-15 Minuten (echte Erholung)
Mikro-Pause: 30-60 Sekunden (alle 20 Minuten)

Die Aufgaben-Matrix:

Aufgabentyp	Fokus-Zeit	Pause
Deep Work (Programmieren, Schreiben)	90 Min	15 Min
Kreative Arbeit	45 Min	10 Min
Administrative Tasks	25 Min	5 Min
Meetings	50 Min	10 Min

Nina's Pomodoro-Plus-Tag:

8:00-9:30: Deep Work (Coding) → 15 Min Spaziergang
9:45-10:30: Code Review → 10 Min Stretching
10:40-11:30: Meeting → 10 Min Atemübungen
11:40-13:00: Deep Work → 30 Min Mittagspause ...

6-7 Stunden reine Produktivität. Energielevel am Abend: 80%. Bei Alex: 20%.

Die Mikro-Pausen-Revolution:

Alle 20 Minuten für 30-60 Sekunden:

- Blick vom Bildschirm nehmen

- 20 Sekunden in die Ferne schauen (20-20-20 Regel)

- Schultern rollen

- Tief durchatmen

Diese Mikro-Unterbrechungen:

- Verhindern RSI (Repetitive Strain Injury)

- Erhalten die Konzentration

- Reduzieren Augenstress um 70%

- Erhöhen Kreativität um 30%

Energiemanagement statt Zeitmanagement

"Ich habe keine Zeit" ist die falsche Diagnose. Die richtige: "Ich habe keine Energie."

Die vier Energietypen:

1. Physische Energie

- Grundlage aller anderen Energien

- Ernährung, Bewegung, Schlaf

- Erschöpft durch: Stillsitzen, schlechte Haltung, Dehydration

2. Emotionale Energie

- Motivation, Freude, Zuversicht

- Positive Beziehungen, Erfolge, Dankbarkeit

- Erschöpft durch: Konflikte, Kritik, negative Selbstgespräche

3. Mentale Energie

- Fokus, Kreativität, Problemlösung

- Klare Prioritäten, Singletasking, Flow

- Erschöpft durch: Multitasking, Unterbrechungen, Entscheidungen

4. Spirituelle Energie

- Sinn, Zweck, Werte

- Alignment mit persönlichen Zielen

- Erschöpft durch: Sinnlose Tätigkeiten, Wertkonflikte

Die Energie-Audit-Übung:

Tracken Sie eine Woche lang stündlich:

- Energielevel (1-10)

- Was haben Sie gerade getan?

- Welche Energieart wurde verbraucht/aufgeladen?

Muster werden sichtbar:

- E-Mails: -2 mentale Energie

- Spaziergang: +3 physische Energie

- Sinnvolles Projekt: +2 spirituelle Energie

- Social Media: -3 emotionale Energie

Tony Schwartz' Energie-Prinzipien:

1. **Energie ist endlich, aber erneuerbar**

2. **Lineare Arbeit führt zu linearem Verfall**

3. **Oszillation (Arbeit-Pause-Rhythmus) führt zu höherer Leistung**

4. **Überlastung in einem Bereich zieht alle anderen runter**

Die Energie-Pausen-Matrix:

Energietyp	Pause-Aktivität	Dauer	Effekt
Physisch	Spaziergang, Stretching	5-15 Min	+40%
Emotional	Dankbarkeit, Kompliment geben	2-5 Min	+30%
Mental	Meditation, Tagträumen	5-10 Min	+50%
Spirituell	Reflexion, Journaling	10-15 Min	+35%

Die 17-Minuten-Regel

DeskTime, eine Produktivitäts-Tracking-Firma, analysierte die Daten von 5,5 Millionen Arbeitstagen. Das Ergebnis verblüffte:

Die produktivsten 10% der Mitarbeiter arbeiten durchschnittlich:

- **52 Minuten fokussiert**

- **17 Minuten Pause**

Nicht 15. Nicht 20. Genau 17.

Warum 17 Minuten?

- Lang genug für echte Erholung

- Kurz genug, um den Flow nicht zu verlieren

- Perfekt für einen kompletten Ultradian-Zyklus

- Optimal für Cortisol-Abbau

Die 17-Minuten-Pause-Aktivitäten:

Minuten 1-3: Transition

- Aufstehen, strecken

- Arbeitsplatz verlassen

- Mental abschalten

Minuten 4-10: Hauptaktivität

- Spaziergang (ideal: in der Natur)

- Oder: Kraftübungen

- Oder: Soziale Interaktion

- Oder: Kreatves Hobby

Minuten 11-15: Regeneration

- Wasser trinken

- Gesunder Snack

- Entspannungsübung

Minuten 16-17: Vorbereitung

- Mental auf nächste Aufgabe einstellen

- Prioritäten checken

- Energie aufbauen

Die 17-Minuten-Challenge:

Nina hat es ausprobiert. "Anfangs fühlte es sich wie Zeitverschwendung an. 17 Minuten! Nichts tun!"

Nach einer Woche:

- Produktivität: +23%

- Fehlerrate: -41%

- Energielevel um 17 Uhr: 75% (vorher: 40%)

- Kreative Lösungen: +55%

"Ich arbeite weniger und schaffe mehr. Es ist verrückt."

Pausen als Produktivitätsbooster

Google's "20% Zeit". 3M's "15% Regel". Die erfolgreichsten Unternehmen der Welt haben verstanden: Pausen sind keine Kosten. Sie sind Investitionen.

Die Neurowissenschaft der Pause:

Default Mode Network (DMN) Aktivierung:

- Gehirn konsolidiert Gelerntes

- Unbewusste Problemlösung

- Kreative Verbindungen entstehen

- "Aha-Momente" werden vorbereitet

Die berühmten Pause-Durchbrüche:

- Einstein: Relativitätstheorie beim Fahrradfahren

- Kekulé: Benzolring im Halbschlaf

- McCartney: "Yesterday" nach dem Aufwachen

- Archimedes: "Heureka!" in der Badewanne

Die Pause-Paradoxe:

1. **Das Inkubations-Paradox** Problem unlösbar →
   Pause → Lösung erscheint "magisch"

2. **Das Energie-Paradox** Weniger arbeiten → Mehr
   Energie → Mehr schaffen

3. **Das Kreativitäts-Paradox** Nicht nachdenken →
   Bessere Ideen

4. **Das Fokus-Paradox** Ablenkung zulassen →
   Besserer Fokus danach

Die verschiedenen Pause-Typen:

1. Die Bewegungspause

- Aktiviert BDNF (brain-derived neurotrophic
  factor)

- Verbessert Durchblutung

- Reduziert Cortisol

- Ideal: 5-10 Minuten zügiges Gehen

2. Die Sozialpause

- Oxytocin-Ausschüttung

- Emotionale Energie auftanken

- Perspektivwechsel

- Ideal: 10 Minuten echtes Gespräch (kein Smalltalk)

3. Die Naturpause

- Attention Restoration Theory (Kaplan)

- Stressreduktion um 60%

- Kreativität +50%

- Ideal: 15 Minuten im Grünen

4. Die Meditations-/Achtsamkeitspause

- Präfrontaler Kortex Regeneration

- Emotionale Regulation

- Klarheit und Fokus

- Ideal: 10 Minuten Atemmeditation

5. Die Spiel-Pause

- Dopamin-Ausschüttung

- Kreativitätsboost

- Stressabbau durch Lachen

- Ideal: 5 Minuten spielerische Aktivität

Das Pause-Design-System

Schritt 1: Analyse

Dokumentieren Sie eine Woche:

- Wann sinkt Ihre Energie?

- Nach welchen Tätigkeiten brauchen Sie Erholung?

- Welche Pausenarten helfen Ihnen am meisten?

Schritt 2: Planung

Designed Ihre ideale Pausenstruktur:

- Morgens: Welche Pausen für Energie?

- Mittags: Welche Pausen für Reset?

- Nachmittags: Welche Pausen gegen das Tief?

- Abends: Welche Pausen für Übergang?

Schritt 3: Umgebung

Schaffen Sie Pausenräume:

- Physisch: Ruhezone, Bewegungsraum

- Mental: Pausenritual, Pausensignal

- Sozial: Pausenpartner finden

Schritt 4: Implementation

- Pausenerinnerungen setzen

- Pausenaktivitäten vorbereiten

- Pause als Termin blockieren

- Kollegen informieren

Schritt 5: Iteration

- Was funktioniert?

- Was nicht?

- Anpassen und optimieren

Die häufigsten Pausenfehler

Fehler 1: Die Smartphone-Pause

- Kein echtes Abschalten

- Dopamin-Überflutung

- Mehr Stress durch Social Media

- Lösung: Handy in anderen Raum

Fehler 2: Die Schuldgefühl-Pause

- "Ich sollte arbeiten"

- Keine echte Erholung

- Stress statt Entspannung

- Lösung: Pause als produktive Arbeit reframen

Fehler 3: Die Überlastungs-Pause

- Zu viel in Pause packen

- Stress durch Pausenoptimierung

- Lösung: Weniger ist mehr

Fehler 4: Die isolierte Pause

- Immer alleine

- Keine soziale Energie

- Lösung: Balance zwischen Einzel- und Gruppenpausen

Fehler 5: Die starre Pause

- Immer gleiche Zeit/Aktivität

- Ignoriert aktuelle Bedürfnisse

- Lösung: Flexible Pausengestaltung

Alex' Transformation

Nach 3 Monaten Pausentechnik:

"Ich war der Typ, der durcharbeitete. Mittag am Schreibtisch. Keine Pausen. Ich dachte, das macht mich produktiv."

Jetzt:

- 4 Pomodoro-Plus-Zyklen pro Tag

- Alle 90 Minuten 15 Minuten Pause

- Mikropausen alle 20 Minuten

Ergebnisse:

- Code-Output: +40%

- Bugs: -60%

- Kreative Lösungen: +100%

- Burnout-Gefahr: 0

"Das Verrückte? Ich gehe um 17 Uhr und bin fertig mit meiner Arbeit. Früher saß ich bis 20 Uhr und war trotzdem nicht fertig."

Die Pausen-Revolution im Team

Team-Pause-Protokoll:

10:30 Uhr: Gemeinsame Bewegungspause (5 Min) 12:30 Uhr: Lunch-Walk (30 Min) 15:00 Uhr: Coffee-Break mit Regel: Keine Arbeitsthemen (15 Min)

Ergebnis nach 6 Monaten:

- Teamproduktivität: +31%

- Krankheitstage: -45%

- Mitarbeiterzufriedenheit: +52%

- Innovationsrate: +67%

Ihre persönliche Pausenstrategie

Die 7-Tage-Pause-Challenge:

Tag 1-2: Beobachten

- Wann brauche ich Pausen?

- Wie fühle ich mich ohne?

Tag 3-4: Experimentieren

- Verschiedene Pausenlängen

- Verschiedene Aktivitäten

Tag 5-6: Optimieren

- Was funktioniert best?

- Ideale Struktur finden

Tag 7: Integrieren

- Pausenplan erstellen

- Als neue Normalität etablieren

Die Pause-Checkliste:

□ Handy weg □ Arbeitsplatz verlassen □ Körper bewegen
□ Frische Luft/Wasser □ Mental abschalten □ Ohne
Schuldgefühle □ Mit klarem Ende

Das Pause-Manifest

Ich habe das Recht auf Pausen. Pausen machen mich nicht faul, sie machen mich brilliant. Pausen sind keine verschwendete Zeit, sie sind investierte Zeit. Ich bin produktiver mit Pausen als ohne. Meine beste Arbeit entsteht zwischen den Pausen. Pause ist ein Verb. Ich pausiere aktiv. In der Ruhe liegt die Kraft. Und in der Kraft liegt mein Erfolg.

Nina und Alex treffen sich jetzt regelmäßig. In der Pause.
Sie haben einen Club gegründet: "Die
Pausenrevolutionäre". Mitglieder: 47. Tendenz steigend.

"Wir sind die produktivsten Faulenzer der Firma", lacht
Nina. Die Zahlen geben ihr recht.

Im nächsten Kapitel werden Sie lernen, wie Sie durch
Ihren Alltag navigieren ohne sich zu verlieren. Der
Fokus-Kompass wartet. Aber zuerst...

Machen Sie eine Pause. Jetzt. Keine Ausreden.

Stehen Sie auf. Gehen Sie 5 Minuten. Trinken Sie Wasser.
Atmen Sie tief.

In 5 Minuten geht es weiter. Erfrischt. Energiegeladen.
Bereit für mehr.

Die Uhr läuft. Ab in die Pause!

Kapitel 9: Der Fokus-Kompass

Navigation durch den Ablenkungsdschungel

Davids Schreibtisch: 3 Monitore, 2 Smartphones, 1
Tablet, 47 Browser-Tabs, 5 Chat-Programme, 312
ungelesene E-Mails. "Ich bin multitaskingfähig", sagt er
stolz. Seine Projekte: 8 angefangen, 0 beendet.

Marias Schreibtisch: 1 Monitor, 1 Notizbuch, 1 Stift, 1
Glas Wasser. Handy in der Schublade. "Ich bin

monotaskingfähig", sagt sie. Ihre Projekte: 3 angefangen, 3 beendet, 2 neue Kunden gewonnen.

Willkommen im Ablenkungsdschungel des 21. Jahrhunderts. Ohne Kompass verloren. Mit Kompass? Unaufhaltsam.

Die Not-To-Do-Liste

Wir sind besessen von To-Do-Listen. Aber die wahre Kunst liegt in dem, was wir NICHT tun.

Warren Buffetts 25/5-Regel:

Buffett zu seinem Piloten:

1. "Schreib deine Top 25 Ziele auf."

2. "Kreise die wichtigsten 5 ein."

3. "Die anderen 20? Das ist deine Avoid-At-All-Cost-Liste."

Der Pilot war verwirrt. "Aber das sind auch wichtige Ziele!"

Buffett: "Genau. Deshalb sind sie so gefährlich. Sie sehen wichtig aus, rauben aber Energie von dem, was WIRKLICH wichtig ist."

Die Not-To-Do-Liste Revolution:

Marias tägliche Not-To-Do-Liste:

- Keine E-Mails vor 11 Uhr

- Keine Meetings am Vormittag

- Kein Social Media während Arbeitszeit

- Keine neuen Projekte, bis aktuelle fertig

- Kein Multitasking

- Keine Nachrichten-Websites

- Kein "Mal schnell"

"Meine Not-To-Do-Liste ist wichtiger als meine To-Do-Liste", sagt Maria. "Sie schützt meine wichtigste Ressource: Fokus."

Die Psychologie des Neins

Jedes Ja zu einer Sache ist ein Nein zu allem anderen. Aber unser Gehirn hasst es, Optionen zu verlieren. FOMO (Fear of Missing Out) ist real.

Die Lösung: JOMO - Joy of Missing Out.

"Ich verpasse gerne Dinge", sagt Maria. "Denn ich weiß: Ich verpasse sie für etwas Besseres."

Die Not-To-Do-Kategorien:

1. Energie-Vampire

- Menschen, die nur nehmen

- Aktivitäten, die erschöpfen

- Projekte ohne klares Ziel

2. Schein-Dringlichkeiten

- Die meisten E-Mails

- Die meisten Meetings

- Die meisten "ASAP"-Anfragen

3. Komfort-Aktivitäten

- Endloses Recherchieren

- Perfektionieren statt Veröffentlichen

- Planen statt Handeln

4. Ablenkung getarnt als Arbeit

- LinkedIn-Scrolling ("Networking")

- YouTube-Tutorials ("Lernen")

- Tool-Shopping ("Optimierung")

Das Not-To-Do-Experiment:

Eine Woche lang:

1. Schreiben Sie jeden Morgen 5 Not-To-Dos

2. Tracken Sie Verstöße

3. Notieren Sie, was Sie stattdessen geschafft haben

Durchschnittliche Ergebnisse:

- 3 Stunden gewonnene Zeit pro Tag

- 40% mehr wichtige Aufgaben erledigt

- 60% weniger Stress

- 100% mehr Klarheit

Environmental Design: Umgebung als Verbündeter

Ihre Umgebung ist stärker als Ihre Willenskraft. Immer. Die Frage ist: Arbeitet sie für oder gegen Sie?

Die Architektur der Ablenkung (Davids Büro):

- Handy in Sichtweite = alle 6 Minuten Blick drauf

- Offene Tabs = mentale Restaufmerksamkeit

- Notification-Sounds = Cortisol-Spikes

- Unordnung = kognitive Belastung

Die Architektur des Fokus (Marias Büro):

- Handy in Schublade = 2 Stunden ungestörte Arbeit

- Ein Programm offen = 100% Aufmerksamkeit

- Stille = Flow-State möglich

- Ordnung = mentale Klarheit

Die 5 Prinzipien des Focus-Environmental-Designs:

1. Friktion erhöhen für Ablenkungen

- Handy in anderen Raum

- Social Media ausloggen

- Ablenkende Apps löschen

- Website-Blocker installieren

2. Friktion reduzieren für Fokus

- Arbeitsmaterialien griffbereit

- One-Click-Zugriff auf wichtige Tools

- Vorbereitete Arbeitsumgebung

- Klare Arbeitszonen

3. Visuelle Klarheit

- Aufgeräumter Schreibtisch

- Geschlossene Programme

- Minimalistischer Desktop

- Beruhigende Farben

4. Akustische Kontrolle

- Noise-Cancelling-Kopfhörer

- White Noise / Naturgeräusche

- Stille-Zeiten vereinbaren

- Notification-Sounds aus

5. Energetische Optimierung

- Natürliches Licht

- Pflanzen

- Ergonomische Einrichtung

- Temperatur 20-22°C

Das Büro-Makeover-Protokoll:

Woche 1: Bestandsaufnahme

- Was lenkt ab?

- Was fehlt?

- Was nervt?

Woche 2: Radikal aufräumen

- Alles raus, was nicht essentiell ist

- Digital Detox des Computers

- Klare Zonen definieren

Woche 3: Bewusst gestalten

- Fokus-Zone einrichten

- Pause-Zone einrichten

- Kommunikations-Zone einrichten

Woche 4: Optimieren

- Was funktioniert?

- Was fehlt noch?

- Feintuning

Marias Geheimwaffe: Die Fokus-Höhle

Ein Bereich nur für Deep Work:

- Kein Internet

- Kein Telefon

- Nur relevante Materialien

- Timer für Fokus-Sessions

- "Bitte nicht stören"-Signal

"Wenn ich in der Höhle bin, existiert die Außenwelt nicht. Es gibt nur mich und die Aufgabe. Das ist meine Superkraft."

Die 3-Prioritäten-Regel

Der durchschnittliche Wissensarbeiter hat 147 Dinge auf seiner To-Do-Liste. Die durchschnittliche Erledigungsrate? 3-5 wichtige Dinge pro Tag. Das Missverhältnis ist offensichtlich.

Die Macht der Drei:

Warum genau drei Prioritäten?

- Mehr als drei: Gehirn wird überfordert

- Weniger als drei: Unterforderung, Langeweile

- Drei: Die magische Zahl der Merkfähigkeit

Die MIT-Methode (Most Important Tasks)

Jeden Morgen:

1. Alle möglichen Aufgaben aufschreiben

2. Die drei wichtigsten markieren (MITs)

3. Alles andere ist optional

Regel: Keine neue Aufgabe, bevor die MITs erledigt sind.

Marias 3-Prioritäten-System:

Priorität 1: Der Gamechanger Die eine Aufgabe, die den größten Impact hat. Meist die, vor der man sich drückt.

Priorität 2: Der Pflichtbaustein Wichtig, aber weniger transformativ. Hält das Geschäft am Laufen.

Priorität 3: Der Quick Win Schnell erledigt, sichtbares Ergebnis. Für Momentum und Motivation.

Beispiel Montag:

1. Gamechanger: Neues Produkt-Konzept fertigstellen

2. Pflichtbaustein: Kundenmeeting vorbereiten

3. Quick Win: Team-Newsletter verschicken

Die 1-3-5-Regel für Fortgeschrittene:

1 große Sache (2-4 Stunden) 3 mittlere Sachen (je 30-60 Minuten) 5 kleine Sachen (je 5-15 Minuten)

Mehr passt nicht in einen Tag. Punkt.

Die Prioritäten-Matrix:

Wichtig & Dringend | **Wichtig & Nicht Dringend**

KRISEN | GAMECHANGER

Sofort erledigen | Zeit blockieren

ABLENKUNGEN | ZEITVERSCHWENDUNG

Delegieren oder Nein | Eliminieren

80% der Menschen verbringen 80% ihrer Zeit in den unteren Quadranten. Maria verbringt 80% in den oberen.

Die Wochen-Prioritäten-Planung:

Sonntag, 18 Uhr, 15 Minuten:

- Wochenreview: Was wurde geschafft?

- 3 Wochen-Prioritäten definieren

- Diese auf die Tage verteilen

- Pufferzeit einplanen (30%)

"Ich plane 30% Puffer ein", erklärt Maria. "Das Leben passiert. Mit Puffer bleibe ich flexibel und trotzdem fokussiert."

Digital Detox für Fortgeschrittene

David macht einen Digital Detox. Eine Woche später ist alles beim Alten. "Es funktioniert nicht", sagt er.

Maria macht es anders. "Digital Detox ist keine Einmalübung. Es ist eine Lebensweise."

Die 4 Ebenen des Digital Detox:

Ebene 1: Die Notification-Diät

- Alle Push-Notifications aus (außer echte Notfälle)
- E-Mail-Check nur 2x täglich
- Handy auf stumm
- Smartwatch weg

Effekt: 50% weniger Unterbrechungen

Ebene 2: Die App-Ausmistung

- Bildschirmzeit analysieren
- Apps nach Nutzen/Zeit-Verhältnis bewerten
- Gnadenlos löschen
- Verbleibende Apps in Ordner verstecken

Marias Handy: 12 Apps. Davids: 127.

Ebene 3: Die Graustufung

- Handy auf Graustufen stellen
- Macht es weniger attraktiv
- Reduziert Dopamin-Trigger
- Spart 45 Minuten Bildschirmzeit/Tag

Ebene 4: Die Substitution Ersetzen, nicht nur weglassen:

- Statt Social Media: Buch

- Statt Netflix: Spaziergang

- Statt News: Podcast

- Statt Gaming: Sport

Das Graduelle Detox-Protokoll:

Woche 1: Eine Stunde handyfrei nach dem Aufstehen
Woche 2: Zwei Stunden Woche 3: Handy erst nach
Morning Routine Woche 4: Einen Tag pro Woche
komplett offline

"Radikal funktioniert nicht", sagt Maria. "Graduell schafft
nachhaltige Veränderung."

Die digitalen Sabbat-Regeln:

Samstag 18 Uhr bis Sonntag 18 Uhr:

- Alle Geräte aus

- Analoger Tag

- Echte Gespräche

- Langeweile zulassen

"Die ersten Male war es die Hölle", erinnert sich Maria.
"Jetzt ist es mein Highlight der Woche."

Die Focus-Apps (das Paradox):

Manchmal braucht man Technologie, um Technologie zu
bändigen:

- **Freedom/Cold Turkey**: Website-Blocker

- **Forest**: Gamification für Fokus

- **Opal**: Screen Time Manager

- **One Sec**: Pause vor Social Media

"Ich nutze Technologie als Werkzeug, nicht als Meister", sagt Maria.

Der Fokus-Kompass in Action

Die tägliche Navigation:

6:00 - Der Morgen-Check:

- Wo stehe ich? (Energie, Stimmung)

- Wo will ich hin? (3 Prioritäten)

- Was könnte ablenken? (Not-To-Dos)

11:00 - Der Mittags-Check:

- Bin ich auf Kurs?

- Was funktioniert?

- Was muss ich anpassen?

17:00 - Der Abend-Check:

- Was habe ich geschafft?

- Was hat mich abgelenkt?

- Was lerne ich daraus?

Die Kompass-Kalibrierung:

Jeden Freitag, 30 Minuten:

- Wochenreview

- Muster erkennen

- Systeme anpassen

- Nächste Woche planen

"Der Kompass ist kein starres System", erklärt Maria. "Er passt sich an. Wie ein GPS, das Staus umfährt."

Davids Transformation

Nach 3 Monaten mit dem Fokus-Kompass:

Vorher:

- 8 Projekte parallel: 0 fertig

- 3-4 Stunden produktive Arbeit/Tag

- Ständig gestresst

- "Busy" aber nicht produktiv

Nachher:

- 3 Projekte sequenziell: 3 fertig

- 5-6 Stunden Deep Work/Tag

- Entspannt und fokussiert

- Weniger busy, mehr erfolgreich

"Ich dachte, Multitasking macht mich effizient", sagt David. "In Wahrheit hat es mich dumm gemacht. Der Fokus-Kompass hat mir mein Gehirn zurückgegeben."

Seine wichtigsten Erkenntnisse:

1. "Nein ist ein kompletter Satz."

2. "Monotasking ist die neue Superkraft."

3. "Die Umgebung ist stärker als Willenskraft."

4. "Drei Dinge gut > Zehn Dinge schlecht."

5. "Digital Detox ist Gehirn-Hygiene."

Die Fokus-Kompass-Challenge

Für die nächsten 7 Tage:

Tag 1: Not-To-Do-Liste erstellen

- 10 Dinge, die Sie ab sofort nicht mehr tun

Tag 2: Umgebung optimieren

- Handy weg, Schreibtisch aufräumen

Tag 3: 3-Prioritäten einführen

- Morgens definieren, abends reviewen

Tag 4: Erste Digital-Detox-Stunde

- Nach dem Aufstehen handyfrei

Tag 5: Fokus-Session

- 90 Minuten ununterbrochene Arbeit

Tag 6: Notification-Fasten

- Alle aus, den ganzen Tag

Tag 7: Reflektion

- Was hat funktioniert?

- Was wird beibehalten?

Maria und David treffen sich jetzt wöchentlich. Zum "Fokus-Lunch". Handys bleiben im Auto. Sie reden über ihre Projekte, ihre Fortschritte, ihre Fokus-Hacks.

"Fokus ist ansteckend", sagt Maria. "Umgib dich mit fokussierten Menschen, und du wirst fokussiert."

Im nächsten Kapitel lernen Sie die Kunst des Anfangens. Die Startrampe wartet. Denn der beste Plan nützt nichts, wenn Sie nicht starten.

Aber zuerst: Räumen Sie auf. Schließen Sie alle Tabs bis auf diesen. Legen Sie Ihr Handy weg.

Spüren Sie die Klarheit? Das ist Ihr Kompass. Er zeigt nach vorn.

Kapitel 10: Die Startrampe

Techniken für den ersten Schritt

Claudia starrt seit 45 Minuten auf das leere Word-Dokument. Der Cursor blinkt. Verhöhnt sie. "Kapitel 1" steht da. Sonst nichts. Ihre Dissertation. 3 Jahre Zeit. 0 Wörter geschrieben.

"Ich weiß nicht, wie ich anfangen soll", sagt sie. Die häufigste Ausrede der Menschheit. Und die tragischste.

Denn die Wahrheit ist: Sie wissen es. Sie trauen sich nur nicht.

Die 5-4-3-2-1-Methode

Mel Robbins saß in ihrem Bett. Depressiv. Pleite. Kurz vor der Scheidung. Der Wecker klingelte. Sie wollte liegenbleiben. Für immer.

Dann hatte sie eine verrückte Idee: "Ich zähle rückwärts wie bei einem Raketenstart. Bei null stehe ich auf."

5-4-3-2-1-GO!

Sie stand auf. Dieser Moment veränderte ihr Leben. Heute ist sie Millionärin, Bestsellerautorin, glücklich verheiratet.

Die Neurowissenschaft hinter 5-4-3-2-1:

Der Countdown unterbricht die Gewohnheitsschleife. Er aktiviert den präfrontalen Kortex. Er gibt keine Zeit für Ausreden.

- Bei 5: Gehirn registriert "Etwas passiert"

- Bei 4: Fokus schärft sich

- Bei 3: Körper bereitet sich vor

- Bei 2: Adrenalin steigt

- Bei 1: Point of no return

- Bei GO: Bewegung ist unvermeidlich

Die 5-4-3-2-1-Varianten:

Der Morgen-Raketenstart: Wecker klingelt →
5-4-3-2-1 → Füße auf den Boden

Der Prokrastinations-Brecher: Aufgabe anschauen →
5-4-3-2-1 → Erste Zeile schreiben

Der Mut-Booster: Vor schwierigem Gespräch →
5-4-3-2-1 → Tür öffnen

Der Fitness-Aktivator: Sportkleidung anschauen →
5-4-3-2-1 → Anziehen

Claudias 5-4-3-2-1-Revolution:

Tag 1: "5-4-3-2-1... Ich schreibe einen Satz." Tag 7:
"5-4-3-2-1... Ich schreibe einen Absatz." Tag 30:
"5-4-3-2-1... Ich schreibe eine Seite." Tag 90: 50 Seiten
geschrieben.

"Es ist lächerlich simpel", sagt sie. "Aber es funktioniert.
Jedes. Verdammte. Mal."

Die 5-4-3-2-1-Regeln:

1. **Niemals verhandeln**: Bei 5 gibt es kein Zurück

2. **Laut zählen**: Aktiviert mehr Gehirnareale

3. **Sofort bewegen**: Keine Pause zwischen 1 und GO

4. **Klein anfangen**: Die Aktion muss machbar sein

5. **Erfolg feiern**: Jeder Start ist ein Sieg

Der kleinste mögliche Schritt

James Clear wollte ins Fitnessstudio. Jeden Tag nahm er sich vor: "Heute trainiere ich eine Stunde." Jeden Tag ging er nicht.

Dann änderte er seine Strategie: "Ich fahre zum Fitnessstudio und gehe wieder." Das war alles. Kein Training. Nur hinfahren.

Tag 1: Hingefahren, umgedreht. Tag 3: Hingefahren, reingegangen, umgedreht. Tag 7: Hingefahren, umgezogen, ein Gerät benutzt. Tag 30: Volles Training. Jahr 1: Sixpack.

Die Psychologie des Mikro-Starts:

Unser Gehirn bewertet Aufgaben nach Größe. Große Aufgabe = Große Gefahr = Vermeidung.

Die Lösung: Machen Sie die Aufgabe so klein, dass Ihr Gehirn sie nicht als Bedrohung wahrnimmt.

Die Mikro-Start-Formel:

Große Aufgabe → Teilaufgabe → Mikro-Aufgabe → Nano-Aufgabe

Beispiel Buch schreiben:

- Buch schreiben (Unmöglich!)

- → Kapitel schreiben (Immer noch groß)

- → Eine Seite schreiben (Machbar)

- → Einen Absatz schreiben (Leicht)

- → Einen Satz schreiben (Kinderspiel)

- → Ein Wort schreiben (Lächerlich einfach)

Claudias Nano-Start-System:

Dissertation = 300 Seiten = Überwältigend ↓ Tägliches
Ziel: Ein Wort ↓ Realität: Schreibt meist 500-1000 Wörter
↓ "Wenn ich schon mal dabei bin..."

Die häufigsten Mikro-Starts:

Für Fitness:

- Sportschuhe anziehen

- Matte ausrollen

- Eine Liegestütze

- 1 Minute gehen

Für Kreativität:

- Stift in die Hand nehmen

- Eine Linie zeichnen

- Einen Satz schreiben

- 1 Minute brainstormen

Für Ordnung:

- Ein Teil wegräumen

- 1 Minute aufräumen

- Eine Schublade sortieren

- Einen Stapel abarbeiten

Für Lernen:

- Buch aufschlagen
- Eine Seite lesen
- Ein Wort nachschlagen
- 1 Minute Video schauen

Das Mikro-Start-Paradox:

Je kleiner der Start, desto größer das Endergebnis.

Warum?

1. Kein Widerstand = Leichter Start
2. Leichter Start = Momentum
3. Momentum = Weitermachen
4. Weitermachen = Gewohnheit
5. Gewohnheit = Große Ergebnisse

Momentum-Hacking

Newton hatte recht: Ein Körper in Bewegung bleibt in Bewegung. Gleiches gilt für Ihre Produktivität.

Die Momentum-Gleichung:

Kleine Aktion + Erfolgsgefühl = Nächste Aktion Nächste Aktion + Erfolgsgefühl = Größere Aktion Größere Aktion + Flow = Unstoppable

Die 7 Momentum-Hacks:

1. Der Domino-Start Beginnen Sie mit der leichtesten Aufgabe. Der erste Domino ist immer der kleinste.

Claudias Morgen:

- Kaffee machen ✓

- Eine E-Mail beantworten ✓

- Dokument öffnen ✓

- Einen Satz schreiben ✓

- Im Flow: 3 Seiten geschrieben

2. Die 2-Minuten-Welle Alles, was unter 2 Minuten dauert, sofort erledigen. Jede erledigte Aufgabe = Momentum.

5 x 2-Minuten-Aufgaben = 10 Minuten Arbeit + 5 Dopamin-Hits = Unstoppable Momentum

3. Der Pomodoro-Sprint 25 Minuten Timer. Nur eine Aufgabe. Wie ein Sprint: Vollgas, dann Pause.

Sprint 1: Momentum aufbauen Sprint 2: Momentum nutzen Sprint 3: Im Flow Sprint 4: Unstoppable

4. Die Erfolgsspirale Dokumentieren Sie jeden kleinen Erfolg. Sichtbarer Fortschritt = Mehr Momentum.

Claudias Erfolgs-Board:

- Montag: 1 Seite ✓

- Dienstag: 2 Seiten ✓✓

- Mittwoch: 3 Seiten ✓✓✓

- "Ich bin auf einer Erfolgswelle!"

5. Der Batch-Booster Ähnliche Aufgaben bündeln. Ein Momentum für alle.

Statt: E-Mail - Meeting - E-Mail - Telefonat - E-Mail
Besser: Alle E-Mails - Alle Telefonate - Meeting

Ein Start, viele Erledigungen.

6. Die Musik-Turbine Der richtige Soundtrack kann Momentum verstärken.

- Klassik: Für Deep Work

- Epic Music: Für schwierige Aufgaben

- Upbeat: Für Routine-Aufgaben

- Naturgeräusche: Für Kreativität

Claudias Power-Playlist: Hans Zimmer. "Wenn Inception läuft, bin ich unstoppable."

7. Der Accountability-Accelerator Teilen Sie Ihren Start mit anderen. Öffentliches Commitment = Extra-Momentum.

Claudias Twitter: "Starte jetzt mit Kapitel 3. Updates in 2 Stunden." 47 Likes = 47 Menschen, die zuschauen = Mega-Momentum

Die Macht der Visualisierung

Michael Phelps visualisiert jedes Rennen hunderte Male. Jeder Schwimmzug. Jede Wende. Jeder Atemzug. Bevor er ins Wasser springt, ist er das Rennen schon geschwommen.

23 olympische Goldmedaillen später: Es funktioniert.

Die Neurowissenschaft der Visualisierung:

Das Gehirn unterscheidet kaum zwischen vorgestellter und echter Erfahrung. Visualisierung aktiviert dieselben neuronalen Pfade wie echte Handlung.

- Visualisierung = Mentale Übung

- Mentale Übung = Neuronale Verstärkung

- Neuronale Verstärkung = Leichtere echte Ausführung

Die 3 Visualisierungs-Techniken:

1. Die Prozess-Visualisierung

Nicht das Ergebnis visualisieren, sondern den Prozess.

Claudia visualisiert:

- Wie sie sich an den Schreibtisch setzt

- Wie sie das Dokument öffnet

- Wie sie den ersten Satz tippt

- Wie sich die Wörter gut anfühlen

5 Minuten mentale Übung = 50% höhere Startwahrscheinlichkeit

2. Die Hinderniss-Visualisierung

Was könnte schiefgehen? Visualisieren Sie die Lösung.

"Wenn ich müde bin, dann..." Visualisierung: Müde →
Kaffee → Trotzdem anfangen → Energie kommt

"Wenn ich keine Ideen habe, dann..." Visualisierung:
Leere → Einfach schreiben → Ideen kommen beim
Schreiben

3. Die Erfolgs-Visualisierung

Wie fühlt es sich an, wenn Sie fertig sind?

Claudia visualisiert:

- Das Gefühl nach 3 Seiten
- Den Stolz beim Speichern
- Die Erleichterung am Abend
- Die fertige Dissertation in den Händen

Emotion ist der Treibstoff der Motivation.

Das mentale Kino-Protokoll:

Jeden Abend, 5 Minuten vor dem Schlafen:

1. Entspannen, Augen schließen
2. Den nächsten Tag durchspielen
3. Fokus auf die Starts
4. Hindernisse und Lösungen
5. Erfolgsgefühle verankern

"Ich starte meinen Tag zweimal", sagt Claudia. "Einmal
im Kopf, einmal in echt. Das zweite Mal ist leicht."

Die Start-Rituale

Sportler haben Pre-Game-Rituale. Schauspieler haben Aufwärm-Übungen. Chirurgen haben Vorbereitungsprotokolle.

Warum? Rituale signalisieren dem Gehirn: "Jetzt geht's los."

Claudias Schreib-Ritual:

1. Kaffee in die Lieblingstasse (30 Sek)

2. Schreibtisch aufräumen (1 Min)

3. Handy in Flugmodus (5 Sek)

4. Drei tiefe Atemzüge (30 Sek)

5. Lieblings-Schreibmusik an (10 Sek)

6. Dokument öffnen (5 Sek)

7. Letzten Satz lesen (30 Sek)

8. 5-4-3-2-1-GO!

Total: 3 Minuten. Effekt: Sofortiger Flow.

"Das Ritual ist mein Trigger", erklärt sie. "Mein Gehirn weiß: Nach dem Ritual wird geschrieben. Keine Diskussion."

Die Elemente eines guten Start-Rituals:

1. **Kurz** (2-5 Minuten)

2. **Immer gleich** (Gehirn liebt Konsistenz)

3. **Sensorisch** (Alle Sinne aktivieren)

4. **Energetisierend** (Körper und Geist wecken)

5. **Endpunkt klar** (Dann startet die Arbeit)

Start-Rituale für verschiedene Aktivitäten:

Sport-Start-Ritual:

- Musik an

- Dynamisches Stretching

- Power-Pose

- Motivationsspruch

- GO!

Lern-Start-Ritual:

- Lernplatz vorbereiten

- Wasser bereitstellen

- Ziel aufschreiben

- Timer stellen

- Los!

Kreativ-Start-Ritual:

- Inspirationsbilder anschauen

- 2 Minuten freies Schreiben/Zeichnen

- Material bereitlegen

- Intention setzen

- Start!

Die häufigsten Start-Killer (und ihre Gegenmittel)

Start-Killer 1: "Ich habe keine Zeit"

Gegenmittel: Die 1-Minuten-Challenge Jeder hat 1 Minute. Starten Sie mit einer Minute. Mehr nicht.

Claudia: "Ich habe 1 Minute" → Schreibt 20 Minuten

Start-Killer 2: "Ich weiß nicht, wo ich anfangen soll"

Gegenmittel: Der Chaos-Start Irgendwo anfangen. Egal wo. Hauptsache anfangen.

Claudia: Schreibt mittendrin → Findet den Anfang beim Schreiben

Start-Killer 3: "Es muss perfekt sein"

Gegenmittel: Der Müll-Start Bewusst schlecht starten. Den inneren Kritiker austricksen.

Claudia: "Ich schreibe jetzt Müll" → Schreibt Brillantes

Start-Killer 4: "Ich bin nicht motiviert"

Gegenmittel: Der Trotzdem-Start Motivation folgt Aktion, nicht umgekehrt.

Claudia: Null Motivation → Startet trotzdem → Motivation kommt

Start-Killer 5: "Ich habe Angst zu versagen"

Gegenmittel: Der Experiment-Start Es ist nur ein Experiment. Experimente können nicht scheitern, sie liefern Daten.

Claudia: "Mal schauen, was passiert" → Druck weg → Flow

Claudias Triumph

18 Monate später. Claudia steht vor der Prüfungskommission. 347 Seiten Dissertation. Summa cum laude.

"Der schwerste Teil war nicht das Schreiben", sagt sie. "Es war der erste Satz. Jeden Tag aufs Neue."

Ihre Erfolgsformel:

- 547 Mal 5-4-3-2-1 gezählt

- 547 Mal gestartet

- 0 Mal perfekt begonnen

- 547 Mal trotzdem weitergemacht

"Ich habe gelernt: Der Start muss nicht gut sein. Er muss nur sein."

Die ultimative Start-Toolbox

Für Sofort-Starts: □ 5-4-3-2-1-Countdown □ 1-Minuten-Versprechen □ Kleinster möglicher Schritt

Für Momentum: □ Domino-Prinzip □ Erfolgs-Tracking □ Batch-Working

Für mentale Vorbereitung: □ Visualisierung □ Start-Ritual □ Chaos-Erlaubnis

Für Notfälle: □ Trotzdem-Regel □ Experiment-Mindset □ Accountability-Partner

Ihre Start-Challenge

Die nächsten 7 Tage. Ein Projekt, das Sie aufschieben.

Tag 1: 5-4-3-2-1 → Ein Wort/Eine Zeile/Eine Aktion Tag 2: Kleinster möglicher Schritt definieren und gehen Tag 3: Start-Ritual entwickeln (3 Minuten) Tag 4: Visualisierung vorm Start (5 Minuten) Tag 5: Momentum-Tag (5 kleine Starts) Tag 6: Chaos-Start (bewusst unperfekt) Tag 7: Reflection - Was hat funktioniert?

Claudia hat eine WhatsApp-Gruppe gegründet: "Die Starter". Jeden Morgen um 6 Uhr: "5-4-3-2-1-GO! Was startest du heute?" 89 Mitglieder. 89 Menschen, die jeden Tag starten. Gemeinsam.

"Starten ist ansteckend", sagt Claudia. "Umgib dich mit Startern, werde zum Starter."

Die Startrampe ist bereit. Der Countdown läuft. Die Frage ist nicht mehr "Wie fange ich an?"

Die Frage ist: "Wann?"

Die Antwort: 5-4-3-2-1-JETZT!

Im nächsten Teil werden wir uns der Integration widmen. Sie haben die Werkzeuge. Jetzt geht es darum, sie in Ihr Leben zu weben. Dauerhaft. Nachhaltig. Transformierend.

Aber zuerst: Starten Sie etwas. Jetzt. Diesen Moment.

5... 4... 3... 2... 1... GO!

Teil IV: Die Integration - Leben in Aktion

Kapitel 11: Der innere Dialog

Vom Kritiker zum Coach

"Du Versager. Schon wieder nicht geschafft. Was stimmt nicht mit dir? Alle anderen kriegen das hin, nur du nicht. Du bist faul. Undiszipliniert. Wertlos."

Das ist Toms innerer Dialog. Jeden Tag. Den ganzen Tag. Würde er so mit seinem besten Freund sprechen, hätte er keine Freunde mehr. Aber mit sich selbst? Da ist alles erlaubt.

"Ich versuche mich zu motivieren", sagt er. "Mit harten Worten."

Die Wissenschaft sagt: Tom sabotiert sich selbst. Mit jedem Wort.

Selbstmitgefühl als Superkraft

Dr. Kristin Neff von der University of Texas revolutionierte unser Verständnis von Motivation. Ihre Forschung zeigt: Selbstkritik macht schwach. Selbstmitgefühl macht stark.

Die Zahlen sprechen für sich:

Menschen mit hohem Selbstmitgefühl:

- 37% höhere Motivation nach Rückschlägen

- 42% bessere Leistung bei schwierigen Aufgaben

- 56% weniger Prokrastination

- 73% höhere Resilienz

- 81% mehr Ausdauer bei Langzeitzielen

"Selbstmitgefühl ist kein Weichspüler", erklärt Dr. Neff. "Es ist Raketentreibstoff."

Die drei Säulen des Selbstmitgefühls:

1. Selbstfreundlichkeit statt Selbstkritik

Tom's alter Dialog: "Du Idiot, schon wieder verschlafen!" Tom's neuer Dialog: "Okay, das war nicht ideal. Was kann ich tun, damit es morgen besser klappt?"

Der Unterschied: Kritik lähmt. Freundlichkeit aktiviert Lösungsfindung.

2. Gemeinsames Menschsein statt Isolation

Alt: "Nur ich schaffe das nicht. Alle anderen sind besser." Neu: "Jeder kämpft mit Herausforderungen. Ich bin nicht allein."

Die Wahrheit: 92% aller Menschen prokrastinieren regelmäßig. Sie sind in guter Gesellschaft.

3. Achtsamkeit statt Überidentifikation

Alt: "Ich BIN ein Versager." (Identität) Neu: "Ich HABE heute etwas nicht geschafft." (Situation)

Sie sind nicht Ihre Fehler. Sie sind ein Mensch, der manchmal Fehler macht. Riesiger Unterschied.

Das Selbstmitgefühls-Experiment:

Eine Woche lang: Bei jedem selbstkritischen Gedanken:

1. **STOPP** - Innehalten

2. **Erkennen** - "Das war Selbstkritik"

3. **Umformulieren** - Wie würde ich mit einem Freund sprechen?

4. **Handeln** - Was brauche ich jetzt wirklich?

Tom's Transformation nach 7 Tagen:

- Selbstkritische Gedanken: -67%

- Produktivität: +34%

- Stimmung: +52%

- Energie: +41%

"Es fühlt sich an, als hätte ich 20 Jahre lang mit angezogener Handbremse gefahren", sagt er.

Die Sprache der Veränderung

Worte schaffen Realität. Ihr innerer Dialog ist der Architekt Ihres Lebens.

Die Macht der Formulierung:

Opfersprache → Schöpfersprache

"Ich muss..." → "Ich wähle..." "Ich kann nicht..." → "Ich habe noch nicht gelernt..." "Es ist zu schwer" → "Es ist eine Herausforderung" "Ich habe keine Zeit" → "Es ist mir nicht wichtig genug" "Ich bin halt so" → "Bis jetzt war ich so"

Tom's Sprachrevolution:

Woche 1: Bewusstsein schaffen

- Jeden Opfer-Satz notieren

- Abends umformulieren

- Muster erkennen

Woche 2: In Echtzeit korrigieren

- Opfer-Satz erkennen

- Pause

- Neu formulieren

Woche 3: Neue Gewohnheit

- Schöpfersprache wird automatisch

- Denken verändert sich

- Handeln folgt

Die gefährlichsten Wörter:

"Immer" und "Nie" "Ich prokrastiniere IMMER" → "Manchmal prokrastiniere ich" "Ich schaffe NIE etwas" → "Bis jetzt hatte ich Schwierigkeiten"

Absolute töten Veränderung. Nuancen ermöglichen sie.

"Sollte" "Ich sollte trainieren" → "Ich möchte trainieren" oder "Ich wähle nicht zu trainieren"

"Sollte" = Schuld + Druck. Beides lähmt.

"Aber" "Ich will, ABER..." → "Ich will, UND..."

"Aber" negiert alles davor. "Und" integriert beide Wahrheiten.

Die kraftvollen Formulierungen:

"Noch" - Das Zauberwort "Ich kann das nicht" → "Ich kann das NOCH nicht"

Ein Wort. Unendliche Möglichkeiten.

"Wie kann ich..." - Die Lösungsfrage "Warum schaffe ich das nicht?" → "Wie kann ich das schaffen?"

Das Gehirn sucht immer Antworten. Geben Sie ihm die richtigen Fragen.

"Ich bin jemand, der..." - Die Identitätsaussage "Ich prokrastiniere" → "Ich bin jemand, der Dinge zu Ende bringt"

Sprechen Sie über Ihr werdendes Selbst, nicht über Ihr vergangenes.

Umgang mit dem inneren Schweinehund

Jeder hat ihn. Den inneren Schweinehund. Die Stimme, die sagt: "Morgen. Netflix. Noch fünf Minuten. Das ist zu anstrengend."

Die meisten kämpfen gegen ihn. Tom hat einen anderen Weg gefunden.

Die Schweinehund-Psychologie:

Der innere Schweinehund ist kein Feind. Er ist ein ängstlicher Beschützer. Er will Sie vor Schmerz, Anstrengung, Versagen bewahren.

Je mehr Sie kämpfen, desto mehr Widerstand leistet er. Die Lösung? Integration statt Konfrontation.

Tom's Schweinehund-Dialog:

Schweinehund: "Lass uns lieber Netflix schauen!" Tom (alt): "Halt die Klappe! Ich muss arbeiten!" Resultat: Innerer Krieg, Energieverlust, Netflix gewinnt

Tom (neu): "Ich höre dich. Du willst Entspannung. Wie wäre es: Erst 30 Minuten arbeiten, dann eine Folge?" Schweinehund: "...Okay." Resultat: Win-Win, Arbeit erledigt, Entspannung ohne Schuld

Die Schweinehund-Verhandlungstaktiken:

1. Anerkennung "Ich verstehe, dass du müde bist/Angst hast/keine Lust hast."

2. Verhandlung "Was wäre ein Kompromiss, mit dem wir beide leben können?"

3. Kleine Schritte "Nur 5 Minuten, dann darfst du entscheiden."

4. Belohnung "Wenn wir das schaffen, gibt es [Belohnung]."

5. Perspektive "Erinnere dich, wie gut wir uns letztes Mal gefühlt haben."

Das Schweinehund-Trainingsprotokoll:

Woche 1-2: Kennenlernen

- Wann meldet er sich?

- Was sind seine Hauptargumente?

- Was sind seine Ängste?

Woche 3-4: Dialog beginnen

- Auf Argumente eingehen

- Kompromisse vorschlagen

- Erfolge gemeinsam feiern

Woche 5-6: Partnership

- Schweinehund als Berater

- "Was brauchst du, damit du mitmachst?"

- Gemeinsame Strategien entwickeln

Tom heute: "Mein Schweinehund und ich sind ein Team. Er sorgt für Pausen, ich für Fortschritt. Win-Win."

Affirmationen, die wirklich funktionieren

"Ich bin reich. Ich bin reich. Ich bin reich." - Sarah's Kontostand: -3.847 Euro.

"Affirmationen sind Quatsch", sagt sie. "Selbstlüge."

Das Problem: Sie macht es falsch.

Die Wissenschaft der Affirmationen:

Affirmationen funktionieren - wenn sie richtig formuliert sind. Das Gehirn wehrt sich gegen offensichtliche Lügen. Es akzeptiert glaubwürdige Entwicklungen.

Die 4 Regeln wirksamer Affirmationen:

1. Prozess statt Ergebnis

Falsch: "Ich bin schlank" (während 20kg Übergewicht) Richtig: "Ich treffe jeden Tag gesündere Entscheidungen"

Das Gehirn: "Ja, das stimmt. Das kann ich."

2. Werden statt Sein

Falsch: "Ich bin erfolgreich" Richtig: "Ich werde jeden Tag erfolgreicher"

Evolution statt Revolution. Glaubwürdig.

3. Beweisbar statt Fantasy

Falsch: "Geld fließt mir mühelos zu" Richtig: "Ich entwickle Fähigkeiten, die Wert schaffen"

Aktiv statt passiv. Kontrollierbar.

4. Emotional statt mechanisch

Falsch: *Monoton runterleiern* Richtig: *Mit Gefühl und Überzeugung*

Emotion = Neuronale Verstärkung

Tom's Power-Affirmationen:

Morgens (beim Zähneputzen):

- "Ich bin jemand, der Dinge zu Ende bringt"
- "Heute treffe ich mutige Entscheidungen"
- "Ich werde mit jeder Herausforderung stärker"

Vor schwierigen Aufgaben:

- "Ich habe schon Schwierigeres gemeistert"
- "Ich bin bereit für diese Herausforderung"
- "Ich vertraue meinen Fähigkeiten"

Nach Erfolgen:

- "Das bin ich. So handle ich."
- "Ich wusste, dass ich das kann"
- "Das ist erst der Anfang"

Die Affirmations-Evolution:

Monat 1: "Ich lerne, pünktlich zu sein" Monat 3: "Ich werde immer pünktlicher" Monat 6: "Ich bin jemand, der Termine respektiert" Jahr 1: "Pünktlichkeit ist Teil meiner Identität"

Die Affirmation wächst mit Ihrer Entwicklung.

Das Neuroplastische Affirmations-Training:

1. **Spezifische Situation** wählen (z.B. Prokrastination)

2. **Gegenwärtige Wahrheit** anerkennen

3. **Nächsten Schritt** formulieren

4. **5x täglich** mit Emotion wiederholen

5. **21 Tage** durchhalten

6. **Anpassen** wenn integriert

Sarah's neue Affirmation: "Ich lerne, klug mit Geld umzugehen."

6 Monate später: +2.340 Euro Erspartes. "Die Affirmation hat mein Denken verändert. Mein Denken hat mein Handeln verändert."

Die innere Dialog-Revolution

Der tägliche Check-in:

Tom startet jeden Tag mit 3 Fragen:

1. "Wie geht es mir wirklich?" (Achtsamkeit)

2. "Was brauche ich heute?" (Selbstfürsorge)

3. "Wie kann ich mir ein guter Freund sein?"
(Selbstmitgefühl)

Abends:

1. "Was habe ich gut gemacht?" (Anerkennung)

2. "Was habe ich gelernt?" (Wachstum)

3. "Wofür bin ich dankbar?" (Perspektive)

Die Selbstgesprächs-Archetypen

Tom hat verschiedene innere Stimmen identifiziert:

Der Kritiker → **Der Mentor** Alt: "Das war dumm!"
Neu: "Was können wir daraus lernen?"

Der Perfektionist → **Der Pragmatiker** Alt: "Es muss
perfekt sein!" Neu: "Was ist gut genug für jetzt?"

Der Katastrophierer → **Der Realist** Alt: "Alles wird
schiefgehen!" Neu: "Was ist das wahrscheinlichste
Szenario?"

Der Vergleicher → **Der Individualist** Alt: "Alle sind
besser als ich" Neu: "Ich gehe meinen eigenen Weg"

Die 30-Tage-Transformation:

Tag 1-10: Bewusstsein

- Inneren Dialog beobachten

- Muster erkennen

- Nicht urteilen, nur wahrnehmen

Tag 11-20: Intervention

- Negative Gedanken stoppen

- Umformulieren üben

- Neue Stimmen entwickeln

Tag 21-30: Integration

- Neue Muster automatisieren

- Erfolge feiern

- Rückfälle als Lernchancen

Tom's neues Leben

Ein Jahr später. Tom ist derselbe Mensch. Und doch ein anderer.

"Ich habe immer noch Tage, an denen ich prokrastiniere", sagt er. "Der Unterschied? Ich zerfleische mich nicht mehr dafür."

Seine Ergebnisse:

- Beförderung (durch proaktives Handeln)

- Halbmarathon gelaufen ("Ich kann das noch nicht" wurde "Ich kann das")

- Beziehung verbessert (Selbstmitgefühl strahlt aus)

- Buchprojekt gestartet (Der Kritiker wurde zum Coach)

"Die größte Entdeckung? Ich war nie mein Feind. Ich war nur ein schlechter Freund zu mir selbst."

Das innere Support-Team

Statt einem inneren Kritiker hat Tom jetzt ein inneres Support-Team:

Der Coach: "Was ist der nächste beste Schritt?" **Der Cheerleader**: "Du schaffst das! Ich glaube an dich!" **Der Stratege**: "Lass uns einen Plan machen." **Der Beschützer**: "Was brauchst du, um sicher zu sein?" **Der Weise**: "Was würde dein zukünftiges Ich tun?"

"Ich bin nie allein", lacht Tom. "Ich habe immer mein Team dabei."

Ihre innere Dialog-Challenge

Die nächsten 7 Tage:

Tag 1: Dialog-Tagebuch starten

- 5x am Tag innehalten

- Inneren Dialog notieren

- Ohne Urteil

Tag 2: Muster erkennen

- Welche Stimmen dominieren?

- Welche Wörter wiederholen sich?

- Wann ist der Dialog am härtesten?

Tag 3: Erste Umformulierung

- Einen kritischen Satz wählen
- 5 freundlichere Versionen schreiben
- Die beste üben

Tag 4: Schweinehund-Dialog

- Bewusst Kontakt aufnehmen
- Nach Bedürfnissen fragen
- Kompromiss aushandeln

Tag 5: Affirmation entwickeln

- Eine Entwicklung, die Sie sich wünschen
- Prozess-Affirmation formulieren
- 5x mit Gefühl wiederholen

Tag 6: Support-Team aufbauen

- Welche inneren Helfer brauchen Sie?
- Jedem eine Stimme geben
- In schwierigen Momenten aktivieren

Tag 7: Reflexion

- Was hat sich verändert?
- Welche Stimme will bleiben?
- Wie geht es weiter?

Tom leitet jetzt eine Selbsthilfegruppe: "Die inneren Friedensstifter".

"Wir üben, mit uns selbst Frieden zu schließen", erklärt er. "Denn äußerer Erfolg ohne inneren Frieden ist wertlos."

Im nächsten Kapitel geht es um die Kunst des Wiederaufstehens. Denn Rückschläge sind unvermeidlich. Die Frage ist: Wie schnell stehen Sie wieder auf?

Aber zuerst: Lauschen Sie Ihrem inneren Dialog. Jetzt. In diesem Moment.

Was sagt er? Ist es die Stimme eines Freundes? Wenn nicht - Zeit für Veränderung.

Die Revolution beginnt zwischen Ihren Ohren.

Kapitel 12: Die Rückschlag-Resilienz

Aufstehen, wenn nichts klappt

Tag 73. Sandra hat 73 Tage lang jeden Morgen meditiert. Heute verschläft sie. Panik. "Alles umsonst. Ich bin gescheitert. Ich kann nichts durchhalten."

Sie meditiert die nächsten 6 Monate nicht mehr.

Tag 73. Michael hat 73 Tage lang jeden Morgen meditiert. Heute verschläft er. "Okay, passiert. Morgen wieder."

Tag 74: Er meditiert wieder. Tag 500: Immer noch dabei.

Der Unterschied? Nicht der Rückschlag. Die Reaktion darauf.

Warum Scheitern Teil des Prozesses ist

"Zeig mir jemanden, der nie gescheitert ist, und ich zeige dir jemanden, der nie etwas Wichtiges versucht hat." - Eine alte Weisheit, die Sandra lernen musste.

Die Neurobiologie des Scheiterns:

Wenn wir scheitern, passiert Faszinierendes im Gehirn:

- Der anteriore cinguläre Cortex wird aktiv (Fehlererkennungszentrum)

- Neue neuronale Verbindungen entstehen

- Das Gehirn markiert: "Hier aufpassen!"

- Lernen wird verstärkt

Scheitern ist kein Bug. Es ist ein Feature. Evolution hat uns so programmiert.

Die Scheitern-Statistiken der Erfolgreichen:

- Michael Jordan: 9.000 verfehlte Würfe

- J.K. Rowling: 12 Verlage lehnten Harry Potter ab

- Walt Disney: Gefeuert wegen "Mangel an Kreativität"

- Oprah Winfrey: Gefeuert als TV-Moderatorin

- Stephen King: 30 Ablehnungen für "Carrie"

Sie alle haben eine Sache gemeinsam: Sie haben
Scheitern als Information behandelt, nicht als Identität.

Die 4 Phasen der Rückschlag-Verarbeitung:

Phase 1: Der Schock (0-24 Stunden)

- Enttäuschung ist normal

- Emotionen zulassen

- Nicht sofort handeln

Phase 2: Die Analyse (Tag 2-3)

- Was ist genau passiert?

- Was kann ich lernen?

- Was war außerhalb meiner Kontrolle?

Phase 3: Die Anpassung (Tag 4-7)

- Strategie überdenken

- Neue Wege finden

- Kleinere Schritte planen

Phase 4: Der Neustart (Ab Tag 8)

- Mit neuem Wissen starten

- Erfahrung integriert

- Stärker als vorher

Sandra brauchte 6 Monate für Phase 1. Heute schafft sie
alle 4 Phasen in 48 Stunden.

Die 24-Stunden-Regel

Michael's wichtigste Regel: "24 Stunden Selbstmitleid sind erlaubt. Keine Minute länger."

Das 24-Stunden-Protokoll:

Stunden 0-6: Fühlen

- Wut? Fühlen.

- Trauer? Fühlen.

- Frustration? Fühlen.

- Ohne Urteil, ohne Drama

Stunden 6-12: Reflektieren

- Was ist die Geschichte, die ich mir erzähle?

- Was sind die Fakten?

- Was ist mein Anteil?

Stunden 12-18: Lernen

- Was ist die Lektion?

- Was würde ich anders machen?

- Was behalte ich bei?

Stunden 18-24: Planen

- Wie geht es weiter?

- Was ist der nächste kleine Schritt?

- Wann starte ich?

Nach 24 Stunden: Schluss mit Selbstmitleid. Zeit für Action.

Sandra's 24-Stunden-Transformation:

Alter Modus: Rückschlag → 6 Monate Lähmung Neuer Modus: Rückschlag → 24 Stunden Verarbeitung → Comeback

"Die 24-Stunden-Regel hat mein Leben verändert", sagt sie. "Ich verschwende keine Monate mehr mit Selbstmitleid."

Von Rückschlägen zu Comebacks

Jeder Rückschlag trägt den Samen eines Comebacks in sich. Die Kunst ist, ihn zu finden und zu nähren.

Die Comeback-Formel:

Rückschlag + Reflexion + Anpassung + Action = Comeback

Beispiel 1: Der Fitness-Rückschlag

Sandra's Rückschlag: 3 Wochen kein Sport wegen Krankheit

Alte Reaktion: "Jetzt ist eh alles egal" → Aufgeben

Neue Reaktion:

- Reflexion: "Krankheit war außerhalb meiner Kontrolle"

- Anpassung: "Ich starte sanfter, baue langsam auf"

- Action: "Heute 10 Minuten Yoga"

- Comeback: Nach 2 Wochen wieder auf altem Level

Beispiel 2: Der Business-Rückschlag

Michael's Rückschlag: Wichtiger Kunde kündigt

Alte Reaktion: Panik → Verzweiflung → Handlungslähmung

Neue Reaktion:

- Reflexion: "Was kann ich aus dem Feedback lernen?"

- Anpassung: "Service verbessern, neue Zielgruppe?"

- Action: "3 Verbesserungen sofort umsetzen"

- Comeback: 3 neue Kunden in 2 Monaten

Die 5 Comeback-Prinzipien:

1. Schnelligkeit schlägt Perfektion Je schneller Sie wieder starten, desto kleiner der Schaden.

2. Progress over Perfection Lieber unperfekt weitermachen als perfekt stillstehen.

3. Lernen ist der Gewinn Jeder Rückschlag macht Sie schlauer. Nutzen Sie es.

4. Identität bewahren Sie sind nicht der Rückschlag. Sie sind jemand, der Rückschläge überwindet.

5. Die Geschichte umschreiben Vom Opfer zum Helden Ihrer eigenen Geschichte.

Die Kunst des Neuanfangs

"Das Schwerste am Neuanfang ist nicht der Start. Es ist, den alten Perfektionismus loszulassen." - Sandra

Die Neuanfang-Strategien:

1. Der Anfängergeist

Sandra nach dem Meditations-Rückschlag: "Ich tue so, als würde ich zum ersten Mal meditieren. Kein Druck, keine Erwartungen."

Effekt: Freude statt Pflicht. Neugier statt Perfektion.

2. Die 50%-Regel

Nach einem Rückschlag: Nur 50% des ursprünglichen Ziels.

- Statt 30 Minuten Meditation → 15 Minuten

- Statt 5km Laufen → 2,5km

- Statt 2000 Wörter schreiben → 1000

Momentum wichtiger als Menge.

3. Das Experiment-Mindset

"Die nächsten 7 Tage sind ein Experiment. Mal schauen, was passiert."

Experimente können nicht scheitern. Sie liefern nur Daten.

4. Der Buddy-Restart

Sandra: "Nach jedem Rückschlag suche ich mir einen Accountability-Buddy."

Gemeinsam starten ist leichter. Geteiltes Leid ist halbes Leid.

5. Die Celebration des Restarts

Der erste Tag nach einem Rückschlag ist ein Feiertag.

"Ich feiere, DASS ich wieder starte, nicht WIE gut ich bin."

Das Resilienz-Training

Resilienz ist wie ein Muskel. Man kann sie trainieren.

Michael's Resilienz-Workout:

Montag: Mikro-Herausforderungen Bewusst kleine Dinge tun, die unbequem sind:

- Kalte Dusche (30 Sekunden)

- Mit Fremden sprechen

- Neue Route zur Arbeit

"Ich übe, mit Unbehagen umzugehen."

Dienstag: Worst-Case-Training 10 Minuten visualisieren:

- Was könnte schiefgehen?

- Wie würde ich reagieren?

- Was wäre das Schlimmste?

- Würde ich überleben? (Spoiler: Ja)

"Wenn ich mental vorbereitet bin, kann mich nichts umhauen."

Mittwoch: Dankbarkeits-Fokus Speziell für vergangene Rückschläge dankbar sein:

- Was habe ich daraus gelernt?

- Wie hat es mich stärker gemacht?

- Welche Türen haben sich dadurch geöffnet?

"Jeder Rückschlag war ein getarntes Geschenk."

Donnerstag: Flexibilitäts-Training Pläne bewusst ändern:

- Anderen Weg nehmen

- Routine durchbrechen

- Spontan umdisponieren

"Ich übe, mit Veränderungen zu tanzen."

Freitag: Fehler-Feier Bewusst einen kleinen Fehler machen:

- Absichtlich zu spät kommen (2 Minuten)

- Etwas Unperfektes veröffentlichen

- Eine schlechte Idee vorschlagen

"Ich entkopple mein Selbstwert von Perfektion."

Das Resilienz-Tagebuch

Jeden Abend 3 Fragen:

1. Was ist heute nicht nach Plan gelaufen?

2. Wie bin ich damit umgegangen?

3. Was würde ich meinem besten Freund in dieser Situation raten?

Nach 30 Tagen: Resilienz-Level verdoppelt.

Die Rückschlag-Weisheiten

Sandra's Top 10 Erkenntnisse:

1. "Ein Rückschlag ist ein Setup für ein Comeback"

2. "Perfekte Strähnen sind überbewertet"

3. "Der Restart-Muskel wird mit jedem Mal stärker"

4. "24 Stunden reichen für jede Trauer"

5. "Wer schnell startet, gewinnt"

6. "Fehler sind Daten, keine Dramen"

7. "Die Geschichte, die ich mir erzähle, bestimmt alles"

8. "50% sind besser als 0%"

9. "Jeder Neuanfang ist eine Chance, es besser zu machen"

10. "Resilienz ist eine Entscheidung, keine Gabe"

Michael's Comeback-Mantras:

Beim Aufwachen nach einem Rückschlag: "Neuer Tag, neue Chance"

Vor dem Restart: "Ich bin stärker als gestern"

Bei Selbstzweifeln: "Ich bin ein Comeback-Kid"

Nach dem erfolgreichen Restart: "Das bin ich. So handle ich."

Die Community der Wiederaufsteher

Sandra und Michael haben eine WhatsApp-Gruppe: "Phoenix Club"

Die Regel: Nur wer gerade einen Rückschlag erlebt, darf posten.

Die Antworten: Nur Ermutigung, Erfahrungen, praktische Tipps.

127 Mitglieder. 127 Menschen, die sich gegenseitig beim Aufstehen helfen.

"Rückschläge sind weniger schlimm, wenn man sie teilt", sagt Sandra. "Und Comebacks sind süßer, wenn andere sie mitfeiern."

Die Phoenix-Challenge:

Jedes Mitglied verpflichtet sich:

- Innerhalb von 24 Stunden den Rückschlag zu posten

- Innerhalb von 48 Stunden den Restart-Plan zu teilen

- Innerhalb von 7 Tagen das Comeback zu starten

- Den Erfolg zu feiern, egal wie klein

Erfolgsquote: 94% schaffen den Restart innerhalb einer Woche.

Ihre Resilienz-Revolution

Die nächsten 30 Tage:

Woche 1: Resilienz-Bestandsaufnahme

- Wie gehe ich aktuell mit Rückschlägen um?

- Was sind meine typischen Muster?

- Wo will ich hin?

Woche 2: Neue Tools testen

- 24-Stunden-Regel einführen

- Ein Resilienz-Training pro Tag

- Erste kleine Rückschläge neu meistern

Woche 3: Momentum aufbauen

- Restart-Geschwindigkeit erhöhen

- Selbstmitgefühl kultivieren

- Erfolge dokumentieren

Woche 4: Integration

- Was wird zur neuen Normalität?

- Welche Tools behalte ich?

- Wie geht es weiter?

Sandra heute: 843 Tage Meditation. Mit 17 Unterbrechungen. Und 17 erfolgreichen Restarts.

"Die Unterbrechungen haben meine Praxis stärker gemacht", sagt sie. "Weil ich gelernt habe: Ich kann immer wieder anfangen. Immer."

Michael's Business heute: 40% Umsatzplus. Nach 3 großen Rückschlägen.

"Jeder Rückschlag hat mich gezwungen, innovativer zu werden. Heute bin ich dankbar für jeden einzelnen."

Im nächsten Kapitel geht es um die Kraft der Gemeinschaft. Denn zusammen sind wir stärker. Zusammen stehen wir schneller auf. Zusammen erreichen wir mehr.

Aber zuerst: Denken Sie an Ihren letzten Rückschlag.

Sind Sie schon wieder aufgestanden? Wenn nein: Die 24 Stunden laufen. Wenn ja: Feiern Sie sich.

Denn jeder, der aufsteht, ist ein Held.

Ihre Geschichte ist noch nicht zu Ende. Das nächste Kapitel wartet. Und es wird großartig.

Kapitel 13: Das Support-System

Gemeinsam stärker

Marcus trainiert alleine im Fitnessstudio. 6 Monate später: aufgegeben. Julia trainiert mit ihrer Trainingsgruppe. 6 Jahre später: immer noch dabei.

Peter schreibt alleine an seinem Roman. 50 Seiten, dann Stillstand. Anna schreibt in einer Schreibgruppe. 300 Seiten, Verlag gefunden.

Der Unterschied? Menschen. Die richtigen Menschen. Zur richtigen Zeit. Mit der richtigen Energie.

"Zeig mir deine fünf engsten Kontakte, und ich sage dir, wer du in fünf Jahren bist." - Jim Rohn hatte recht.

Accountability-Partner finden

"Ich brauche niemanden. Ich schaffe das alleine." Das war Marcus' Motto. Bis er merkte: Alleine schaffen es die wenigsten.

Die Wissenschaft der Accountability:

Studien der Dominican University zeigen:

- Ziel nur gedacht: 43% Erfolgschance

- Ziel aufgeschrieben: 64% Erfolgschance

- Ziel mit jemandem geteilt: 76% Erfolgschance

- Regelmäßige Updates an Partner: 95%
  Erfolgschance

95%! Die Macht der Accountability ist keine
Motivationsphrase. Sie ist statistisch bewiesen.

Was macht einen guten Accountability-Partner aus?

1. Ähnliche Werte, unterschiedliche Stärken Julia und
ihre Trainingspartnerin:

- Beide wollen fit werden (gleiches Ziel)

- Julia: Ausdauer-stark, Kraft-schwach

- Partnerin: Kraft-stark, Ausdauer-schwach

- Sie pushen sich in verschiedenen Bereichen

2. Verlässlichkeit "Wenn sie nicht auftaucht, weiß ich: Es
ist was Ernstes", sagt Julia. "Diese Verlässlichkeit ist
gegenseitig. Wir lassen einander nicht hängen."

3. Ehrlichkeit ohne Brutalität "Du warst diese Woche
faul" ✖ "Ich habe gemerkt, du warst nur 2x statt 4x da.
Was war los?" ✓

4. Lösungsorientierung Nicht: "Du schaffst deine Ziele
nie!" Sondern: "Was können wir ändern, damit es nächste
Woche besser klappt?"

5. Gegenseitige Inspiration Der beste Partner ist einen
Schritt voraus, aber nicht unerreichbar weit.

Wo findet man Accountability-Partner?

Online:

- Focusmate.com (virtuelle Co-Working Sessions)

- Stickk.com (Commitment Contracts)

- Facebook-Gruppen zu spezifischen Zielen

- Reddit-Communities (GetMotivatedBuddies)

- LinkedIn-Gruppen

Offline:

- Meetup-Gruppen

- Co-Working Spaces

- Sportvereine

- Volkshochschulkurse

- Nachbarschafts-Apps

Anna's Partner-Such-Strategie:

1. In 3 Schreibgruppen reinschnuppern

2. Menschen beobachten: Wer ist verlässlich?

3. Nach Sessions Kaffee trinken

4. Gemeinsame Ziele erkunden

5. Test-Partnership für 4 Wochen

6. Evaluation und Commitment

"Ich habe 3 Monate gesucht. Die Investition hat sich 1000-fach ausgezahlt."

Das Accountability-System:

Anna und ihre Schreibpartnerin:

Montag, 9 Uhr: Wochen-Check-in (15 Min)

- Was ist das Wochenziel?

- Was sind die 3 Meilensteine?

- Wo könnten Probleme auftauchen?

Mittwoch, 18 Uhr: Mid-Week-Check (10 Min)

- Wo stehst du?

- Brauchst du Support?

- Anpassungen nötig?

Freitag, 17 Uhr: Wochen-Review (20 Min)

- Was wurde geschafft?

- Was hat funktioniert?

- Was lernen wir für nächste Woche?

- Erfolge feiern!

"45 Minuten pro Woche Investment. Resultat: 10x mehr Produktivität."

Die Macht der öffentlichen Verpflichtung

Peter hielt seine Romanpläne geheim. "Was, wenn ich scheitere?" Anna postete auf Facebook: "Ich schreibe einen Roman. 300 Seiten bis Dezember. Updates jeden Freitag."

154 Likes. 47 Kommentare. Öffentlicher Druck? Nein. Öffentlicher Support!

Die Psychologie der öffentlichen Verpflichtung:

Konsistenz-Prinzip (Robert Cialdini): Menschen wollen konsistent mit ihren öffentlichen Aussagen handeln.

Soziale Identität: Wenn andere Sie als "Romanautor" sehen, beginnen Sie, sich selbst so zu sehen.

Positive Verstärkung: Likes, Kommentare, Ermutigung = Dopamin = Motivation.

Die Stufen der öffentlichen Verpflichtung:

Stufe 1: Nahkreis (3-5 Menschen) Familie, beste Freunde "Ich habe ein Projekt..."

Stufe 2: Erweiterter Kreis (20-30 Menschen) Freunde, Kollegen "Ich arbeite an..."

Stufe 3: Semi-öffentlich (100+ Menschen) Social Media, begrenzt "Hier ist mein Ziel..."

Stufe 4: Vollständig öffentlich Blog, YouTube, öffentliche Posts "Folgt meiner Reise..."

Anna's öffentliche Strategie:

Woche 1-4: Nur beste Freundin Woche 5-8: Schreibgruppe (12 Leute) Woche 9-16: Facebook (beschränkt auf Freunde) Ab Woche 17: Öffentlicher Blog

"Ich habe mich langsam an die Öffentlichkeit gewöhnt. Jede Stufe gab mir mehr Mut."

Die wöchentlichen Updates:

Jeden Freitag postet Anna:

- Wochenziel: ✓ oder ✗
- Seitenzahl geschrieben
- Eine Erkenntnis/Herausforderung
- Nächstes Wochenziel

Resultat:

- 89 Menschen verfolgen ihre Reise
- Durchschnittlich 23 ermutigende Kommentare
- 5 Menschen haben selbst mit Schreiben begonnen
- "Ich bin zur Inspiration geworden. Das pusht enorm."

Die Gefahren und wie man sie vermeidet:

Gefahr 1: Zu viel Druck Lösung: Realistische Ziele, Puffer einplanen

Gefahr 2: Scham bei Rückschlägen Lösung: Auch Struggles teilen, Verletzlichkeit zeigt Stärke

Gefahr 3: Abhängigkeit von externem Feedback Lösung: Interne Motivation als Basis behalten

Gefahr 4: Vergleiche mit anderen Lösung: Nur mit sich selbst vergleichen

Umfeld-Design für Erfolg

"Du bist der Durchschnitt der 5 Menschen, mit denen du die meiste Zeit verbringst."

Marcus' 5: Netflix, Couch, Bier, PlayStation, Pizza Julia's 5: Trainingspartnerin, Ernährungscoach, Laufgruppe, Yoga-Lehrerin, Fitness-Podcast

Raten Sie, wer seine Ziele erreicht.

Die Umfeld-Analyse:

Nehmen Sie sich 20 Minuten:

1. **Listen Sie die 10 Menschen auf, mit denen Sie am meisten Zeit verbringen**

2. **Bewerten Sie für jeden:**

   - Unterstützt meine Ziele: +1

   - Neutral: 0

   - Sabotiert meine Ziele: -1

3. **Rechnen Sie zusammen**

Positiv: Glückwunsch! Neutral: Vorsicht! Negativ: Dringender Handlungsbedarf!

Die 4 Arten von Menschen in Ihrem Leben:

1. Die Energiespender "Nach jedem Treffen mit Julia fühle ich mich motiviert", sagt ihre Trainingspartnerin. → Mehr Zeit mit ihnen!

2. Die Energieräuber "Er redet nur über Probleme, nie über Lösungen." → Kontakt minimieren!

3. Die Mentoren "Sie ist da, wo ich hinwill." → Von ihnen lernen!

4. Die Mentees "Ich kann ihm helfen, das motiviert auch mich." → Geben macht glücklich!

Marcus' Umfeld-Revolution:

Monat 1: Analyse

- 7 von 10 Kontakten: energieraubend
- Hauptthemen: Probleme, Ausreden, Ablenkung

Monat 2: Reduktion

- Netflix-Gruppe verlassen
- Kneipenabende reduziert
- Handy-Benachrichtigungen aus

Monat 3: Addition

- Lauftreff beigetreten
- Mentoring-Programm gestartet
- Podcast-Community gefunden

Monat 6: Transformation

- 10kg abgenommen
- Halbmarathon gelaufen
- 2 neue echte Freundschaften
- "Ich bin ein anderer Mensch. Durch andere Menschen."

Das bewusste Beziehungs-Management:

Die 30-60-10 Regel:

- 30% der Zeit: Menschen, die Sie inspirieren/fordern

- 60% der Zeit: Menschen auf Ihrem Level

- 10% der Zeit: Menschen, denen Sie helfen

Die Energie-Bilanz: Nach jedem sozialen Kontakt:

- Energie gestiegen? ✓ Mehr davon!

- Energie gesunken? ✗ Weniger davon!

Die Rollendefinition: Klären Sie bei wichtigen Menschen:

- Was erwarte ich?

- Was erwartet er/sie?

- Wie unterstützen wir uns?

Wenn andere uns bremsen

"Du hast dich verändert", sagt Peters bester Freund. Nicht als Kompliment gemeint.

"Du vernachlässigst uns", sagt Anna's Familie. Schuld schwingt mit.

Erfolg verändert Beziehungen. Nicht alle kommen damit klar.

Warum Menschen uns bremsen:

1. Angst vor Verlust "Wenn du erfolgreich wirst, hast du keine Zeit mehr für mich."

2. Eigene Unsicherheit "Dein Erfolg zeigt mir meine eigenen versäumten Chancen."

3. Komfortzone-Bedrohung "Wenn du dich änderst, muss ich mich vielleicht auch ändern."

4. Neid "Warum du und nicht ich?"

5. Echte Sorge "Ich will nicht, dass du enttäuscht wirst."

Die Strategien für schwierige Gespräche:

1. Verstehen statt Verteidigen

Peter's Freund: "Du hast keine Zeit mehr für uns!" Peter alt: "Das stimmt nicht! Ich..." Peter neu: "Ich höre, dass dir unsere Freundschaft wichtig ist. Mir auch. Lass uns schauen, wie wir das hinkriegen."

2. Einladen statt Ausgrenzen

Anna: "Ich schreibe jeden Samstag von 8-12. Magst du danach brunchen? Dann erzähle ich dir davon."

3. Grenzen mit Liebe

"Ich verstehe deine Bedenken. Und ich mache es trotzdem. Ich würde mich freuen, wenn du mich unterstützt. Wenn nicht, respektiere ich das auch."

4. Win-Win suchen

"Wie können wir beide bekommen, was wir brauchen?"

Die harten Entscheidungen:

Manchmal muss man Menschen loslassen. Nicht aus Boshaftigkeit. Aus Selbstschutz.

Julia's Ex-Freund: "Sport ist dir wichtiger als ich!" Nach 6 Monaten Diskussionen: Trennung.

"Es tat weh. Aber ich kann nicht mit jemandem zusammen sein, der meine Entwicklung als Bedrohung sieht."

2 Jahre später: Glücklich mit einem Partner, der selbst läuft. "Wir pushen uns gegenseitig."

Die Support-Gruppe aufbauen

Anna's Schreibgruppe. Julia's Lauftreff. Peter's Mastermind. Marcus' Accountability-Buddies.

Hinter jedem Erfolg steht eine Gruppe.

Die optimale Gruppengröße:

- 3-5 Personen: Intim, jeder kommt zu Wort

- 6-12 Personen: Vielfältig, noch manageable

- 12+: Wird unpersönlich, Untergruppen bilden sich

Die Gruppenregeln (Anna's Schreibgruppe):

1. **Vegas-Regel**: Was in der Gruppe besprochen wird, bleibt in der Gruppe

2. **Keine Urteile**: Konstruktives Feedback ja, Verurteilung nein

3. **Verbindlichkeit**: Wer 2x unentschuldigt fehlt, fliegt

4. **Gegenseitigkeit**: Jeder gibt und nimmt gleich viel

5. **Lösungsfokus**: Probleme nur mit
   Lösungsvorschlägen

Das wöchentliche Gruppen-Format:

Check-in (15 Min):

- Jeder 2-3 Minuten

- Was lief gut?

- Wo hakt es?

Deep Dive (30 Min):

- Eine Person im "Hot Seat"

- Stellt spezifische Herausforderung vor

- Gruppe brainstormt Lösungen

Commitment (15 Min):

- Jeder sagt, was er bis nächste Woche macht

- Spezifisch und messbar

Die Erfolgsgeschichten:

Anna's Gruppe: 8 Mitglieder, 6 haben ihr Buch beendet
Julia's Lauftreff: 15 Mitglieder, 12 haben einen Marathon
geschafft Marcus' Buddies: 4 Mitglieder, alle haben ihre
Fitnessziele erreicht

"Alleine wäre ich gescheitert", sagen sie alle.

Das digitale Support-System

Nicht jeder findet lokale Gruppen. Die Lösung: Digital.

Peter's Online-Mastermind:

5 Autoren aus 4 Ländern Wöchentliche Zoom-Calls Slack-Channel für täglichen Austausch Gemeinsames Trello-Board für Fortschritt

"Geografische Distanz spielt keine Rolle. Die Verbindung zählt."

Die besten digitalen Tools:

Für Accountability:

- Beeminder (Fortschritt tracken)

- StickK (Geld einsetzen)

- Habitica (Gamification)

Für Gruppen:

- Marco Polo (Video-Nachrichten)

- Discord (Community-Building)

- Notion (gemeinsame Arbeitsbereiche)

Für Co-Working:

- Focusmate (virtuelle Sessions)

- Flow Club (Pomodoro-Gruppen)

- Tandem (virtuelles Büro)

Die digitalen Regeln:

1. Kamera an bei wichtigen Calls
2. Schriftlich = verbindlich

3. 24h Antwortzeit

4. Wöchentlicher Digital Detox

Die Transformation durch Gemeinschaft

Marcus heute: Fitnesstrainer. "Die Menschen, die mich unterstützt haben, unterstütze ich jetzt."

Julia: Organisiert Laufevents. "Aus meiner Trainingspartnerin wurden 500 Läufer."

Anna: Schreib-Coach. "Ich gebe weiter, was ich bekommen habe."

Peter: Bestseller-Autor. "Auf der Danksagungsseite stehen 47 Namen. Jeder hat beigetragen."

Die Multiplikator-Effekte:

Wenn Sie erfolgreich werden:

- Inspirieren Sie andere

- Ziehen Sie ähnliche Menschen an

- Schaffen Sie neue Netzwerke

- Der Kreis erweitert sich

Die wichtigste Erkenntnis:

"Erfolg ist ein Teamsport", sagt Julia. "Auch wenn du alleine läufst, brauchst du Menschen, die an dich glauben, wenn du selbst nicht mehr kannst."

Ihr Support-System-Blueprint

Die nächsten 30 Tage:

Woche 1: Analyse

- Wer unterstützt Sie aktuell?
- Wer bremst Sie?
- Was fehlt?

Woche 2: Bereinigung

- Energieräuber reduzieren
- Grenzen setzen
- Raum schaffen

Woche 3: Aufbau

- Einen Accountability-Partner finden
- Einer Gruppe beitreten
- Öffentliches Commitment testen

Woche 4: Integration

- Regelmäßige Check-ins etablieren
- Erfolge feiern
- System verfeinern

Marcus, Julia, Anna und Peter haben eine gemeinsame
WhatsApp-Gruppe: "Die Macher".

Jeden Morgen um 6: "Was machst du heute möglich?"
Jeden Abend um 21 Uhr: "Was hast du heute möglich
gemacht?"

237 Nachrichten pro Woche. 237 Beweise, dass
Gemeinschaft funktioniert.

"Wir sind Zeugen füreinander", sagt Anna. "Zeugen der
Transformation."

Im nächsten Kapitel geht es um die Kunst, alles
zusammenzufügen. Die Integration ins tägliche Leben.
Denn Wissen ohne Anwendung ist wie ein Samen ohne
Erde.

Aber zuerst: Schreiben Sie eine Nachricht. An einen
Menschen, der Sie unterstützt. Sagen Sie Danke.

Und dann: Finden Sie einen weiteren.

Denn gemeinsam sind wir nicht nur stärker. Gemeinsam
sind wir unaufhaltsam.

Kapitel 14: Die Lebenskunst des Handelns

Integration in den Alltag

6:00 Uhr. Elenas Wecker klingelt. Aber statt der alten
Panik spürt sie Vorfreude. RUCK-Methode. Aufstehen.

17-Minuten-Morgenpause mit Yoga. Dann Deep Work an ihrem wichtigsten Projekt.

12:00 Uhr. Mittagspause mit ihrer Accountability-Partnerin. Sie feiern kleine Siege. Planen den Nachmittag.

18:00 Uhr. Feierabend. Wirklich. Laptop zu. Übergangsritual. Zeit für Familie.

22:00 Uhr. Tagesreflexion. Drei Dankbarkeiten. Morgen visualisieren. Friedlich einschlafen.

Das ist keine Fantasie. Das ist Elenas Alltag. Nach zwei Jahren bewusster Integration.

"Ich habe nicht mein Leben umgekrempelt", sagt sie. "Ich habe die Werkzeuge in mein Leben gewebt. Faden für Faden."

Der persönliche Aktionsrhythmus

Jeder Mensch hat einen natürlichen Rhythmus. Die meisten ignorieren ihn. Elena hat ihren entdeckt, respektiert und optimiert.

Die Chronobiologie des Erfolgs:

Dr. Michael Breus identifizierte vier Chronotypen:

Der Löwe (25% der Menschen)

- Energiepeak: 5-10 Uhr

- Beste Zeit für Deep Work: Morgens

- Tiefpunkt: 14-16 Uhr

- Elena: "Ich bin ein Löwe. Morgens erledige ich 80% meiner wichtigen Arbeit."

Der Bär (50% der Menschen)

- Energiepeak: 10-14 Uhr

- Beste Zeit für Deep Work: Vormittags

- Tiefpunkt: 14-15 Uhr

- Folgt dem Sonnenzyklus

Der Wolf (15% der Menschen)

- Energiepeak: 17-24 Uhr

- Beste Zeit für Deep Work: Abends

- Tiefpunkt: 8-12 Uhr

- Nachteulen mit Morgenproblemen

Der Delfin (10% der Menschen)

- Unregelmäßige Energiepeaks

- Beste Zeit für Deep Work: Variabel

- Leichter Schlaf, hohe Wachsamkeit

- Perfektionisten mit Schlafproblemen

Die Rhythmus-Findung:

2 Wochen lang, stündlich tracken (1-10):

- Energielevel

- Konzentrationsfähigkeit

- Kreativität

- Stimmung

Muster erkennen:

- Wann bin ich am stärksten?

- Wann am kreativsten?

- Wann brauche ich Pausen?

Elenas Löwen-Rhythmus:

5:00-5:30: Aufwachen, RUCK, Morgenroutine 5:30-8:30:
Deep Work (Höchstleistung) 8:30-9:00: Pause, Frühstück
9:00-11:00: Wichtige Meetings/Kommunikation
11:00-12:00: Administrative Aufgaben 12:00-13:00:
Mittagspause (länger wegen Energie-Tief) 13:00-14:00:
Leichte Aufgaben 14:00-15:00: Power-Nap oder
Spaziergang 15:00-17:00: Kreative Arbeit (zweiter Wind)
17:00-18:00: Tagesabschluss, Planung 18:00-22:00:
Familie, Hobbys, Regeneration 22:00: Schlafenszeit
(heilig!)

"Seit ich meinen Rhythmus respektiere, arbeite ich
weniger Stunden bei dreifacher Produktivität."

Die Rhythmus-Regeln:

1. **Energie-Matching**: Schwierigste Aufgaben zur
   besten Zeit

2. **Puffer-Planung**: 30% Puffer für
   Unvorhergesehenes

3. **Rhythmus-Schutz**: Beste Zeiten blocken und
   verteidigen

4. **Flexibilität**: Rhythmus als Guide, nicht als Gefängnis

5. **Regeneration**: Pausen sind Teil des Rhythmus

Work-Life-Action-Balance

"Work-Life-Balance ist tot", sagt Elena. "Es geht nicht um Balance. Es geht um Integration. Work-Life-Action-Balance."

Was ist Action?

Action = Bewusstes, zielgerichtetes Handeln in allen Lebensbereichen.

Nicht: Arbeit vs. Leben Sondern: Bewusstes Handeln überall

Die 4 Säulen der Work-Life-Action-Balance:

1. Arbeit als Action

- Nicht busy sein, sondern wichtige Dinge tun

- Deep Work statt Multitasking

- Ergebnisse statt Stunden

Elena: "Ich arbeite 6 Stunden konzentriert statt 10 Stunden zerstreut."

2. Beziehungen als Action

- Qualitätszeit statt Anwesenheit

- Bewusste Präsenz statt Handy-Parallelwelt

- Tiefe Gespräche statt Oberflächlichkeit

"Eine Stunde echte Verbindung > 5 Stunden gemeinsames Netflix."

3. Gesundheit als Action

- Tägliche Bewegung (nicht "wenn Zeit ist")
- Bewusste Ernährung (nicht "was gerade da ist")
- Regeneration als Priorität

"30 Minuten Sport sind nicht verhandelbar. Wie Zähneputzen."

4. Entwicklung als Action

- Tägliches Lernen
- Regelmäßige Reflexion
- Kontinuierliches Wachstum

"15 Minuten Lesen täglich = 18 Bücher pro Jahr."

Das Integration-Prinzip:

Statt Trennung: Verschmelzung

- Beim Pendeln: Hörbücher (Entwicklung + Reise)
- Beim Sport: Mit Partner (Gesundheit + Beziehung)
- Bei der Arbeit: Sinnvolle Projekte (Arbeit + Erfüllung)
- Mit Familie: Gemeinsame Ziele (Beziehung + Entwicklung)

Elenas integrierter Tag:

Morgen-Yoga: Gesundheit + Meditation + Energieaufbau
Arbeitszeit: Sinnvolle Projekte + Lernen + Impact
Mittagspause: Bewegung + soziale Verbindung +
Regeneration Familienzeit: Präsenz + gemeinsame
Aktivitäten + Liebe Abendlesen: Entwicklung +
Entspannung + Inspiration

"Jede Aktivität erfüllt mehrere Bedürfnisse. Das ist
Effizienz mit Herz."

Die 90-Tage-Transformation

Veränderung passiert nicht über Nacht. Aber sie passiert
schneller, als die meisten denken. 90 Tage reichen für eine
Transformation.

Warum 90 Tage?

- 21 Tage: Neue neuronale Pfade entstehen

- 66 Tage: Gewohnheiten werden automatisch

- 90 Tage: Identität verschiebt sich

Nach 90 Tagen sind Sie nicht mehr dieselbe Person. Sie
sind die Person, die Sie werden wollten.

Elenas 90-Tage-Protokoll:

Tag 1-30: Foundation (Fundament legen)

Woche 1: Eine Gewohnheit starten (Morgenroutine)
Woche 2: RUCK-Methode täglich anwenden Woche 3:
Pausentechnik integrieren Woche 4:
Accountability-Partner finden

Fokus: Kleine, nachhaltige Veränderungen

Tag 31-60: Momentum (Schwung aufbauen)

Woche 5-6: Zweite Kerngewohnheit (Abendreflexion)
Woche 7-8: Umfeld optimieren (digital + physisch)
Woche 9-10: Rhythmus finden und testen

Fokus: Erfolge stapeln, Selbstvertrauen aufbauen

Tag 61-90: Mastery (Meisterschaft entwickeln)

Woche 11-12: Feintuning aller Systeme Woche 13:
Integration und Automatisierung

Fokus: Neue Identität festigen

Die 90-Tage-Meilensteine:

Tag 7: Erste Woche geschafft! (Feiern!) Tag 21:
Neuronale Pfade etabliert Tag 30: Ersten Monat
gemeistert Tag 50: Halbzeit-Reflexion Tag 66:
Gewohnheiten automatisiert Tag 90: Transformation
komplett

Tracking-Methoden:

Das 90-Tage-Journal: Jeden Abend 5 Minuten:

- Was habe ich heute gehandelt? (3 Dinge)

- Was habe ich gelernt?

- Energie-Level (1-10)

- Morgen wichtigste Action?

Das Habit-Grid: 90 Kästchen auf einem Blatt Jeden Tag
ein X Kette nicht unterbrechen Visueller Fortschritt

Die Wochen-Scorecard:

- Gewohnheiten: __ von 7 Tagen

- RUCK-Momente: __ Anzahl

- Deep Work: __ Stunden

- Pausen: __ genommen

- Gesamt-Score: __/100

Elenas Transformation:

Tag 1: Überfordert, chaotisch, reactive Tag 30: Erste Strukturen, mehr Energie Tag 60: Flow-States, klare Prioritäten Tag 90: Neue Person, alte Probleme gelöst

"Die ersten 30 Tage waren hart. Die zweiten 30 spannend. Die letzten 30 magisch."

Konkrete Ergebnisse:

- Produktivität: +250%

- Stress: -70%

- Einkommen: +40%

- Beziehungsqualität: "Unbezahlbar"

- Gesundheit: "Beste Form meines Lebens"

Vom Tun zum Sein

Die ultimative Transformation: Wenn Handeln kein Kampf mehr ist, sondern Ihre Natur.

Die 4 Stufen der Identitäts-Evolution:

Stufe 1: "Ich versuche..." "Ich versuche, früh aufzustehen." Kampf, Willenskraft nötig, oft Scheitern

Stufe 2: "Ich schaffe es manchmal..." "Manchmal stehe ich früh auf." Fortschritt, aber inkonsistent

Stufe 3: "Ich bin jemand, der..." "Ich bin jemand, der früh aufsteht." Identität verschiebt sich, wird leichter

Stufe 4: "Ich bin..." "Ich bin ein Frühaufsteher." Vollständige Integration, mühelos

Elenas Identitäts-Shifts:

Vorher: "Ich bin chaotisch" → Nachher: "Ich bin organisiert" Vorher: "Ich prokrastiniere" → Nachher: "Ich handle sofort" Vorher: "Ich bin unsportlich" → Nachher: "Ich bin aktiv" Vorher: "Ich bin gestresst" → Nachher: "Ich bin in Balance"

"Das Verrückte: Ich musste nicht meine Persönlichkeit ändern. Ich musste nur meine Geschichte über mich ändern."

Die Seins-Praktiken:

1. Sprache bewusst wählen Nicht: "Ich muss trainieren" Sondern: "Ich trainiere" (Es ist, wer ich bin)

2. Beweise sammeln Jede kleine Handlung = Beweis für neue Identität "Siehst du? Du BIST ein Macher!"

3. Umfeld als Spiegel Umgeben Sie sich mit Menschen, die Sie als Ihr neues Ich sehen

4. Rückfälle reframen "Ein Frühaufsteher, der heute verschlafen hat" Nicht: "Ich bin doch kein Frühaufsteher"

5. Future Self Visualization Täglich 5 Minuten: Wie fühlt sich mein zukünftiges Ich?

Die Integration der Werkzeuge

Elena nutzt ALLE Werkzeuge. Nicht gleichzeitig. Nicht perfekt. Aber konsistent.

Ihr Werkzeugkasten im Alltag:

Morgens:

- RUCK für den Start (30 Sekunden)
- Morgenritual mit Mikro-Momenten (20 Minuten)
- Visualisierung des Tages (5 Minuten)

Arbeitstag:

- Pomodoro-Plus-Zyklen (90 Min Arbeit, 17 Min Pause)
- Fokus-Kompass aktiv (Not-To-Do prominent)
- Mikro-Momente zwischen Meetings

Herausforderungen:

- RUCK bei jeder Prokrastination
- Selbstmitgefühl bei Rückschlägen
- 24-Stunden-Regel wenn nötig

Abends:

- Übergangsritual Arbeit→Privat (10 Minuten)
- Reflexion mit Accountability-Partner (15 Minuten)
- Dankbarkeit und Planung (10 Minuten)

Wöchentlich:

- Support-Gruppe Treffen
- Wochen-Review und Planung
- Rhythmus-Anpassungen

"Die Werkzeuge sind wie Apps auf meinem mentalen Smartphone. Ich nutze, was ich gerade brauche."

Der Ripple-Effekt

Elenas Transformation blieb nicht unbemerkt.

Die Kreise der Wirkung:

Kreis 1: Familie

- Partner begann auch Morgenroutine
- Kinder lernten RUCK-Methode

- Gemeinsame Familienziele

Kreis 2: Arbeit

- Team übernahm Pausenkultur

- Chef fragte nach ihrem "Geheimnis"

- 3 Kollegen starteten eigene Transformation

Kreis 3: Freundeskreis

- Gründete lokale "Action-Gruppe"

- 12 Mitglieder nach 6 Monaten

- Monatliche Workshops

Kreis 4: Community

- Blog über ihre Reise

- 5.000 Leser nach einem Jahr

- Online-Kurs entwickelt

"Ich wollte nur mein Leben ändern. Am Ende habe ich hunderte Leben berührt."

Die Multiplikator-Formel:

1 Person verändert sich → 5 Menschen werden inspiriert → Jeder inspiriert weitere 5 → 25 Menschen in Bewegung → Exponentielles Wachstum

Die lebenslange Praxis

"Transformation ist kein Ziel, es ist eine Lebensweise", sagt Elena.

Die Prinzipien der lebenslangen Praxis:

1. Evolution statt Revolution Kontinuierliche kleine Verbesserungen Keine drastischen Umbrüche

2. Selbstmitgefühl statt Perfektion Rückschritte sind Teil des Weges Neustart ist immer möglich

3. Anpassung statt Starrheit Werkzeuge ändern sich mit Lebensphasen Flexibilität bewahren

4. Teilen statt Horten Wissen weitergeben Andere unterstützen

5. Dankbarkeit statt Mangel Fortschritt würdigen Kleine Siege feiern

Elenas Brief an ihr früheres Ich

"Liebe Elena von vor zwei Jahren,

Du sitzt gerade verzweifelt am Schreibtisch. Überwältigt. Ausgebrannt. Du glaubst, du schaffst es nie.

Ich schreibe dir aus deiner Zukunft. Du schaffst es. Nicht über Nacht. Nicht perfekt. Aber stetig.

In zwei Jahren wirst du:

- *Jeden Morgen mit Freude aufstehen*

- *Deine wichtigsten Projekte verwirklicht haben*

- *In der besten Form deines Lebens sein*

- *Tiefere Beziehungen haben als je zuvor*

- *Anderen helfen, ihre Transformation zu schaffen*

Der Schlüssel? Du hörst auf zu warten. Du fängst an zu handeln. Klein. Täglich. Mit Mitgefühl für dich selbst.

Die Werkzeuge, die du gleich lernen wirst, werden dein Leben verändern. Aber nur, wenn du sie nutzt. Nicht perfekt. Aber konsequent.

Trust the process. Du bist stärker, als du denkst.

Mit Liebe, Elena (2 Jahre später)"

Ihre Integration beginnt jetzt

Sie haben alle Werkzeuge. Das Wissen. Die Strategien. Die Inspiration.

Was fehlt? Ihre Handlung.

Der Integrations-Startplan:

Heute:

- Wählen Sie EIN Werkzeug

- Wenden Sie es EINMAL an

- Feiern Sie diesen Start

Diese Woche:

- Identifizieren Sie Ihren Rhythmus

- Finden Sie EINEN Accountability-Partner

- Beginnen Sie Ihr 90-Tage-Journal

Dieser Monat:

- Integrieren Sie 3 Kernwerkzeuge

- Etablieren Sie eine Morgenroutine

- Tracken Sie Ihren Fortschritt

Diese 90 Tage:

- Folgen Sie dem Transformationsprotokoll

- Passen Sie an, was nicht funktioniert

- Werden Sie zu der Person, die Sie sein wollen

Elena und hunderte andere haben es geschafft. Nicht weil sie speziell sind. Sondern weil sie angefangen haben. Und nicht aufgehört haben.

"Die beste Zeit, einen Baum zu pflanzen, war vor 20 Jahren. Die zweitbeste Zeit ist jetzt." - Chinesisches Sprichwort

Ihre Transformation wartet nicht auf den perfekten Moment. Sie wartet auf Ihre Entscheidung. Sie wartet auf Ihre erste Handlung. Sie wartet auf JETZT.

Die Integration ist keine Technik. Sie ist eine Entscheidung. Täglich neu getroffen. Bis sie zu Ihrem Sein wird.

Willkommen in Ihrem neuen Leben. Es beginnt mit dem nächsten Atemzug. Mit der nächsten Handlung. Mit diesem Moment.

RUCK.

Teil V: Der Weg nach vorn

Kapitel 15: Dein persönlicher Aktionsplan

Die nächsten 30 Tage

Markus legt das Buch zur Seite. Inspiriert. Motiviert. Bereit.

Drei Wochen später: Alles beim Alten.

Sabine legt das Buch zur Seite. Inspiriert. Motiviert. Sie holt einen Stift.

Drei Wochen später: Leben transformiert.

Der Unterschied? Sabine hat nicht nur gelesen. Sie hat einen Plan gemacht. Und umgesetzt.

Dieses Kapitel ist Ihr Stift. Ihre nächsten 30 Tage. Ihre Transformation.

Die Bestandsaufnahme

Bevor Sie losrennen, müssen Sie wissen, wo Sie stehen. Ehrlich. Ohne Beschönigung. Ohne Drama.

Der Life-Audit (30 Minuten, die Ihr Leben verändern):

Bewerten Sie jeden Bereich von 1-10:

Gesundheit & Energie

- Körperliche Fitness: __/10

- Ernährung: __/10

- Schlafqualität: __/10

- Energielevel: __/10

- Stressmanagement: __/10 *Durchschnitt: __/10*

Arbeit & Karriere

- Zufriedenheit: __/10

- Produktivität: __/10

- Sinnhaftigkeit: __/10

- Fortschritt: __/10

- Work-Life-Balance: __/10 *Durchschnitt: __/10*

Beziehungen

- Partnerschaft: __/10

- Familie: __/10

- Freundschaften: __/10

- Soziales Netzwerk: __/10

- Beziehung zu mir selbst: __/10 *Durchschnitt: __/10*

Persönliche Entwicklung

- Lernen & Wachstum: __/10

- Hobbys & Interessen: __/10

- Kreativität: __/10

- Spiritualität/Sinn: __/10

- Zielklarheit: __/10 *Durchschnitt: __/10*

Finanzen

- Einkommen: __/10

- Ausgabenkontrolle: __/10

- Ersparnisse: __/10

- Investitionen: __/10

- Finanzielle Freiheit: __/10 *Durchschnitt: __/10*

Die Fokus-Findung

Schauen Sie auf Ihre niedrigsten Werte. Die größten Schmerzen. Die drängendsten Baustellen.

Sabines Ergebnis:

- Gesundheit: 4/10 (Hauptproblem: Energie)

- Arbeit: 5/10 (Hauptproblem: Prokrastination)

- Beziehungen: 7/10 (Okay, aber könnte besser)

- Entwicklung: 3/10 (Hauptproblem: Keine Zeit für mich)

- Finanzen: 6/10 (Solide, aber keine Rücklagen)

"Ich war überrascht, wie klar die Problemzonen wurden. Kein Verstecken mehr möglich."

Die Schmerzpunkt-Analyse:

Für Ihre 2-3 niedrigsten Bereiche, fragen Sie:

1. **Was kostet mich das aktuell?**

    o   Gesundheitlich?

    o   Emotional?

    o   Finanziell?

    o   In Beziehungen?

2. **Was kostet es mich in 5 Jahren, wenn nichts ändert?**

    o   Wo stehe ich dann?

    o   Was habe ich verpasst?

    o   Wie fühle ich mich?

3. **Was wäre möglich, wenn ich das ändere?**

    o   Beste realistische Szenario?

    o   Wie würde sich mein Leben anfühlen?

    o   Was würde sich alles mitverbessern?

Sabines Erkenntnis: "Wenn ich so weitermache, bin ich in 5 Jahren ausgebrannt, allein und voller Bedauern. Das war mein Weckruf."

Drei Schlüsselprojekte identifizieren

Sie können nicht alles auf einmal ändern. Aber Sie
können die Dominosteine identifizieren, die alles andere
mitreißen.

Die Domino-Methode:

Welche EINE Veränderung würde die meisten anderen
Bereiche positiv beeinflussen?

Beispiele:

- Morgenroutine → Mehr Energie → Bessere
  Arbeit → Mehr Einkommen → Weniger Stress

- Sport → Bessere Gesundheit → Mehr
  Selbstvertrauen → Bessere Beziehungen

- Prokrastination besiegen → Projekte fertig →
  Erfolgserlebnisse → Motivation für alles andere

Sabines 3 Schlüsselprojekte:

Projekt 1: Morgenroutine etablieren (Domino-Effekt)

- Warum: Gibt Energie für alles andere

- Was: 5:30 aufstehen, Yoga, gesundes Frühstück

- Messbar: 30 Tage durchhalten

Projekt 2: Wichtigstes Arbeitsprojekt fertigstellen

- Warum: Beweist mir, dass ich Dinge zu Ende
  bringe

- Was: Täglich 2 Stunden fokussierte Arbeit

- Messbar: In 30 Tagen komplett fertig

Projekt 3: Abendliche Me-Time

- Warum: Selbstfürsorge als Fundament

- Was: 20:00-21:00 nur für mich

- Messbar: Mindestens 20 von 30 Tagen

Die Projekt-Auswahlkriterien:

✓ **Spezifisch**: Klar definiert, was genau Sie tun werden ✓ **Messbar**: Eindeutige Erfolgskriterien ✓ **Erreichbar**: Herausfordernd aber machbar in 30 Tagen ✓ **Relevant**: Direkter Bezug zu Ihren Schmerzpunkten ✓ **Terminiert**: Klares Enddatum

Die Synergie prüfen:

Unterstützen sich Ihre 3 Projekte gegenseitig?

Sabines Synergie:

- Morgenroutine → Energie für Arbeitsprojekt

- Arbeitsprojekt fertig → Abends wirklich abschalten können

- Me-Time → Besserer Schlaf → Leichteres Aufstehen

"Die Projekte verstärken sich gegenseitig. Das war der Gamechanger."

Der Masterplan

30 Tage. 3 Projekte. 1 transformiertes Leben. Hier ist, wie Sie es schaffen:

Woche 1: Foundation Week (Das Fundament)

Tag 1-2: Setup

- Alle Werkzeuge vorbereiten
- Umgebung optimieren
- Accountability-Partner informieren
- Tracking-System aufsetzen

Tag 3-7: Sanfter Start

- 50% der geplanten Intensität
- Fokus auf Konsistenz, nicht Perfektion
- Jeden kleinen Erfolg feiern
- Abends: Was funktioniert? Was nicht?

Sabines Woche 1:

- Morgenroutine: 6:00 statt 5:30 (sanfter Start)
- Arbeitsprojekt: 1 Stunde statt 2
- Me-Time: 30 Minuten statt 60
- "Ich wollte nicht überfordern. Lieber schaffen und steigern."

Woche 2: Momentum Week (Schwung aufbauen)

Tag 8-14: Intensivierung

- Auf 75% der geplanten Intensität
- Erste Routinen festigen sich
- Hindernisse identifizieren und lösen

- Support-System aktivieren bei Bedarf

Sabines Woche 2:

- Morgenroutine: 5:45 Uhr, läuft besser

- Arbeitsprojekt: 1,5 Stunden, Flow-Momente

- Me-Time: Fast täglich geschafft

- "Der Widerstand wurde weniger. Es begann Spaß zu machen."

Woche 3: Challenge Week (Die Herausforderung)

Tag 15-21: Volle Intensität

- 100% der geplanten Ziele

- Durch Widerstände durchgehen

- Rückschläge als Lernen reframen

- Community für Extra-Support

Sabines Woche 3:

- Verschlafen an Tag 17: "24-Stunden-Regel, dann weiter"

- Projekt-Durchbruch an Tag 19: "Plötzlich floss es"

- Energie-Level deutlich gestiegen

- "Die härteste und wichtigste Woche"

Woche 4: Integration Week (Die Integration)

Tag 22-28: Automatisierung

* Gewohnheiten werden natürlicher

* Feintuning der Systeme

* Vorbereitung für die Zeit danach

* Erfolge dokumentieren und feiern

Tag 29-30: Celebration & Planning

* Große Feier der Transformation

* Reflexion: Was habe ich gelernt?

* Planung: Wie geht es weiter?

* Neue 30-Tage-Ziele setzen

Tag 1 beginnt jetzt

Der perfekte Moment wird nie kommen. Aber dieser Moment ist perfekt genug.

Ihre JETZT-Aktionen (die nächsten 60 Minuten):

☐ **Minute 1-30: Life-Audit durchführen** Nehmen Sie dieses Buch, einen Stift, und bewerten Sie Ihr Leben. Ehrlich.

☐ **Minute 31-45: 3 Schlüsselprojekte wählen** Basierend auf Ihren größten Schmerzpunkten. Klar, spezifisch, messbar.

☐ **Minute 46-55: Woche 1 planen**

* Was mache ich morgen früh als Erstes?

* Welche Vorbereitungen brauche ich?

- Wer wird mein Accountability-Partner?

☐ **Minute 56-60: Öffentliches Commitment** Schreiben Sie einer Person: "Ich starte morgen mit [Projekt 1]. Ich melde mich in 7 Tagen mit einem Update."

Sabines erste 60 Minuten:

"Ich hatte tausend Ausreden. Zu müde. Zu spät. Morgen ist besser. Aber ich habe das Buch zugeklappt, einen Stift geholt und losgelegt. Diese 60 Minuten haben alles verändert."

Der 30-Tage-Tracker:

Erstellen Sie JETZT Ihren visuellen Tracker:

```
PROJEKT 1: _____________________
□□□□□□□ Woche 1
□□□□□□□ Woche 2
□□□□□□□ Woche 3
□□□□□□□ Woche 4
□□ Bonus-Tage

PROJEKT 2: _____________________
[gleiche Box-Struktur]

PROJEKT 3: _____________________
[gleiche Box-Struktur]
```

Hängen Sie ihn sichtbar auf. Jeden Tag ein X. Die Kette nicht unterbrechen.

Die tägliche Minimal-Routine:

Egal wie chaotisch der Tag:

Morgens (3 Minuten):

- Blick auf Tracker

- Tagesintention für jedes Projekt

- RUCK-Methode für den Start

Abends (5 Minuten):

- X in die Boxen

- Eine Sache, die gut lief

- Morgen wichtigste Aktion

8 Minuten täglich. Das ist alles.

Die Erfolgsgarantien

Warum die meisten scheitern:

1. Zu viel auf einmal

2. Kein klarer Plan

3. Keine Accountability

4. Perfektionismus

5. Aufgeben nach Rückschlägen

Warum Sie erfolgreich sein werden:

1. Nur 3 fokussierte Projekte

2. Klarer 30-Tage-Plan

3. Accountability-Partner gefunden

4. Progress over Perfection

5. 24-Stunden-Regel bei Rückschlägen

Sabines Geheimwaffen:

1. **Der Nicht-Verhandelbar-Pakt**: "Egal was passiert, ich mache IRGENDWAS für jedes Projekt. Und sei es nur 1 Minute."

2. **Die Erfolgs-Buddy**: "Meine Freundin Sarah machte parallel ihre 30 Tage. Wir checkten täglich ein."

3. **Das Warum-Statement**: "Ich will Vorbild für meine Tochter sein. Das trug mich durch schwere Tage."

4. **Die Mikro-Wins**: "Ich feierte alles. Aufgestanden? Win! 10 Minuten gearbeitet? Win!"

5. **Der Neustart-Muskel**: "Tag 11 verkackt. Früher hätte ich aufgegeben. Diesmal: 24 Stunden, dann weiter."

Der Transformations-Beweis

Sabines Ergebnisse nach 30 Tagen:

Projekt 1 (Morgenroutine):

- 27 von 30 Tagen geschafft

- Aufstehzeit: Von 7:30 auf 5:45

- Energie-Level: Von 4/10 auf 8/10

Projekt 2 (Arbeitsprojekt):

- FERTIG am Tag 26!

- 42 Stunden fokussierte Arbeit

- Selbstvertrauen: "Ich kann Dinge zu Ende bringen!"

Projekt 3 (Me-Time):

- 24 von 30 Tagen geschafft

- Neue Hobbys entdeckt

- Beziehung zu sich selbst: Von 5/10 auf 8/10

Gesamt-Transformation:

- 15 kg abgenommen (war gar nicht geplant!)

- Beförderung erhalten

- Neue Morgengruppe gegründet (7 Mitglieder)

- "Ich bin ein anderer Mensch. In nur 30 Tagen."

Ihre Transformation startet JETZT

Legen Sie das Buch weg. Holen Sie einen Stift. Setzen Sie den Timer auf 60 Minuten. Beginnen Sie mit dem Life-Audit.

In 30 Tagen werden Sie zurückblicken und sich selbst danken. In 30 Tagen werden Sie Beweise haben: Sie KÖNNEN sich ändern. In 30 Tagen beginnt Ihr neues Leben.

Aber es beginnt nicht in 30 Tagen. Es beginnt in den nächsten 60 Sekunden. Mit Ihrer Entscheidung. Mit Ihrer ersten Handlung.

5... 4... 3... 2... 1...

JETZT!

Epilog: Die Kaffeetasse ist leer - und jetzt?

Eine Einladung zum Handeln

Die Kaffeetasse ist leer. Das Buch zu Ende. Viele Seiten gelesen. Hunderte von Strategien gelernt. Dutzende Erfolgsgeschichten aufgesogen.

Und jetzt?

Jetzt kommt der Moment der Wahrheit. Der Moment, der darüber entscheidet, ob dieses Buch Ihr Leben verändert oder nur Ihre Leseliste verlängert.

Erinnern Sie sich an die kalte Kaffeetasse vom Anfang? An den Moment, wo Intention und Realität auseinanderklaffen? Sie stehen jetzt genau an dieser Schwelle. Zwischen dem, was Sie wissen, und dem, was Sie tun.

Die Umsetzungslücke starrt Sie an. Grinst. Wartet. Wie ein alter Bekannter, der weiß: Die meisten kommen immer wieder zurück.

Aber Sie sind nicht "die meisten". Nicht mehr.

Sie haben die Werkzeuge. Die RUCK-Methode für die Momente des Widerstands. Die Pausentechnik für nachhaltige Energie. Den Fokus-Kompass für klare Navigation. Die Startrampe für den ersten Schritt.

Sie kennen die Wissenschaft. Wie Ihr Gehirn funktioniert. Warum Sie prokrastinieren. Wie Gewohnheiten entstehen. Was wirklich motiviert.

Sie haben die Geschichten gehört. Von Claudia, die ihre Dissertation schrieb. Von Tom, der seinen inneren Dialog transformierte. Von Elena, die ihr ganzes Leben neu orchestrierte. Von Sabine, die in 30 Tagen zur Macherin wurde.

Jetzt fehlt nur noch eine Geschichte: Ihre.

Die zwei Wege vor Ihnen

Weg 1: Die Komfortzone Sie legen das Buch ins Regal. "Interessant", denken Sie. "Vielleicht später." Sie scrollen durch Ihr Handy. Machen weiter wie bisher. In einem Jahr stehen Sie am gleichen Punkt. Mit den gleichen Ausreden. Den gleichen Bedauern.

Weg 2: Die Ruck-Zone Sie legen das Buch zur Seite. Holen einen Stift. Machen Ihren Life-Audit. JETZT. Wählen Ihre 3 Projekte. Finden einen Accountability-Partner. Starten morgen früh. In einem Jahr sind Sie nicht wiederzuerkennen. Im besten Sinne.

Die Wahl liegt bei Ihnen. Sie war schon immer bei Ihnen.

Ein letztes Geheimnis:

Wissen Sie, was der Unterschied zwischen denen ist, die ihre Träume leben, und denen, die von ihren Träumen leben?

Ein Moment. Dieser Moment. Der Moment der Entscheidung, gefolgt von der ersten kleinen Handlung.

Claudia hatte diesen Moment, als sie 5-4-3-2-1 zählte und den ersten Satz schrieb. Michael hatte ihn, als er nach dem Verschlafen trotzdem meditierte. Elena hatte ihn, als sie um 5 Uhr aufstand, obwohl alles in ihr schrie: "Bleib liegen!" Sie alle hatten ihren Ruck-Moment. Ihren Wendepunkt. Ihre Geburtsstunde als Macher.

Wann ist Ihre?

Die Einladung:

Dies ist keine Aufforderung. Es ist eine Einladung. Eine Einladung zu dem Leben, das auf Sie wartet. Dem Leben, in dem Sie:

- Morgens mit Energie und Zweck aufwachen

- Wichtige Projekte tatsächlich fertigstellen

- Stolz statt Scham empfinden

- Inspiration statt Frustration ausstrahlen

- Macher statt Träumer sind

Dieses Leben ist keine Fantasie. Es ist eine Möglichkeit. Ihre Möglichkeit. Aber Möglichkeiten verwirklichen sich nicht von selbst. Sie brauchen Ihren Mut. Ihre Entscheidung. Ihre Handlung.

Der erste Dominostein

Sie müssen nicht Ihr ganzes Leben auf einmal ändern. Sie müssen nur den ersten Dominostein anstoßen. Eine kleine Handlung. Einen winzigen Schritt. Einen einzelnen Ruck.

Vielleicht ist es:

- Diese Seite zuklappen und den Life-Audit machen

- Einer Person schreiben: "Ich brauche einen Accountability-Partner"

- Den Wecker für morgen 30 Minuten früher stellen

- Das wichtigste Projekt öffnen und EINEN Satz schreiben/machen

- 5-4-3-2-1 zählen und aufstehen

Was es auch ist: Tun Sie es. Jetzt. Nicht in 5 Minuten. Nicht morgen. Jetzt.

Die Gemeinschaft wartet:

Sie sind nicht allein. Tausende haben diesen Weg
begonnen. Hunderte gehen ihn gerade. Dutzende starten
heute. Mit Ihnen.

In den Support-Gruppen, den Online-Communities, den
lokalen Meetups - überall warten Menschen wie Sie.
Menschen, die sich entschieden haben. Menschen, die
handeln. Menschen, die verstehen.

Finden Sie sie. Verbinden Sie sich. Gemeinsam sind Sie
unaufhaltsam.

Das Versprechen:

Ich kann Ihnen nicht versprechen, dass es leicht wird. Es
wird Tage geben, an denen Sie aufgeben wollen.
Momente, in denen der alte Weg verlockender scheint.
Rückschläge, die wehtun.

Aber ich kann Ihnen versprechen: Es lohnt sich.

Jeder frühe Morgen. Jede überwundene Prokrastination.
Jeder geschaffte Ruck. Jede integrierte Gewohnheit. Sie
alle zahlen in ein Konto ein. Das Konto Ihres zukünftigen
Ichs.

Und eines Tages - früher als Sie denken - werden Sie
zurückblicken. Auf diesen Moment. Auf diese

Entscheidung. Auf den Tag, an dem alles begann. Und Sie werden sich selbst danken.

Die letzte Frage:

Die Kaffeetasse ist leer. Das Buch ist zu Ende. Die Werkzeuge liegen bereit. Die Community wartet. Die Möglichkeiten sind endlos.

Nur eine Frage bleibt:

Was werden Sie in den nächsten 60 Sekunden tun?

Die Uhr tickt. Die Wahl ist Ihre. Die Zeit ist jetzt.

5... 4... 3... 2... 1...

RUCK!

P.S.: Wenn Sie diesen Epilog zu Ende gelesen haben, ohne zu handeln, haben Sie die wichtigste Lektion noch nicht verstanden. Legen Sie das Buch JETZT weg. Handeln Sie. Und dann kommen Sie zurück und lesen Sie diesen Satz: Gut gemacht! Das war Ihr erster Sieg. Von vielen.